D1678193

Anton Bruhin

11 heldengesänge
& 3 gedichte

Uuas líuto filu in flíze,   in managemo ágaleize,
  sie thaz in scríp gicleiptin,   thaz sie iro námon breittin.
Sie thés in íó gilícho   flizzun gúallicho,
  in búachon man giméinti   thio iro chúanheiti.

Otfried von Weissenburg

Es haben sich schon viele mit grossem Eifer bemüht aufzuzeichnen, womit sie ihren Namen bekanntmachen könnten. Sie wandten stets grösste Sorgfalt daran, dass man ihre Taten in Büchern darstellte.

Althochdeutsche Literatur, Fischer Bücherei, Frankfurt, 1970

0

prolog

wos sage dir bötschraabig wohl von diesen ufern
far li-i-ihösthand der hetlöngigestrurge schimmert
als ich ring und randolf sei-he-heinen schein verlor
in leidevollen krängen stö-hä-hè-hérensgautschwa-bie
   in twolgen ruf den thoorös laut hervor
   und zählen drauf die beiden
   wer in diesem fichtenwalde irrt
   berichtet von überstandener pein
recabostinu ligarö-hä-hè-ge-hömost'hangen falten
ein fürchterlicher zwischenfall sich selbst verbot
und auf der wellenspiel umklatschten weträntigör'hinsel
wi-hi-heè von selbs'geronjenbaum sich vor dem tore zog

tember gordas

> sechzehn bulgen fangen golz am taur
> far dampf ach tember
> ach tember gordas vor!

fol bansen sei twalbe mattsen molg, sen fagas als gun kahn.
logo baren jegals am kam, fol drungem stag dem jontegranes
albögen und silzwesen bei karper walkgezuns und lahn zergumpf.
rausmen dur dem steiblen wiefen, betram sich weilig hingedrüht
als garsen fol wimpwabel die fehrengatter betrol jajajewens
hoch garondelt, verlohnt, und, bal zimweis debust vergeden,
bal gebeut, das feimosen so baldus gedeut.

> aber so balfantus fuhn gedaut
> mit galz ach tember
> ach tember gordas vor!

fies lab auch sen steug als bulgen sobenweise flöch sen fertikopf.
dahl ast uns das guhnen, sich schill geschotzt an seinem
krahnfalben steugel, sen zieblaugenen kelier und aderlauch bal
kunkubelstaubichten reiswogen gebulg am gust, wan softlich
tember sen schalbund und schein bei batz mit ragenteusendem
gebröhl das blausichtende wolgand on dem grauben bangoden
leichzuflachen. soltan wor schirgelnde gruhm bei gund faga,
gund molba gun gordas.

> alle twolgen fahren fort von hier
> sind weg ach tember
> ach tember gordas vor!

fonka gersu

als garne folzambundersampferlanzig antschegen wort, die
sordenkumbe an fechtgebolte rusten vergezorgt ein fontes
beldenstaul voll ombertaff und galbelichteten devergänzen.
fon fintes alberaschten umberzaden angeflört, fahm der dinstel
tun, dem balgost sen balde fink, bald barguhn, bald oftlagen,
alsmoor west und die morben galbaus, rast und schöften, sum
fleiwet in die sonke baust und grall zem krange for.
> fonka gersu borde der gart beräfen
> der alser gund fon sturgen bunk erfeit
> dan schier und forg ist ades gäft
> und ahle gönzen sades wolt.
> fonka borde auch den gart erkufen
> der salgen beut gerad sen faut gediem
> wan rost und schalg im balde ritzt
> for bölgen fauben elberstang.
doch silt fonka zweibelfahn bach auf sen geut gelift
und alse beut mit daupen mappsen zwanger fordeleut
ambotres sich zem schieren gäft an schochzgetröbel seut.
guss! das raukelahn ist ember und weistrien gunzenfals
bald fink ist aufgerompelt, soltan dem for barguhn;
wan solten tungerlett und alsen dopfern sich gefrähn?
ein reubach storzenden berfassung ist erlöscht, o bolk,
dum san zem schlögen forke wingensteublich ungebahn.
sen schimberlinges freulen baft zem alge guntweraus
indust der baste fon den balden, thorös gund, der balgost
sich dem flochte fonka, ja dem fonka gersu hingebleut.
> fonka gersu border gart erkufen
> der alser bald in folben hat gesont
> dan fier und sturg ist ades gäft
> und salge rost sein hehres tun.

3

argons tod am léman

fieschgänder, schlör gebalke zum durme, glich irgenzlange
schwahn, krahn und glautschwändige gangangan gäge gänf.
alfäge bi werlisch als wunk afe tscheinel war, dagländer
mach, maschte la mir nidercho. güt räge bundlut.
argon sil kämbene glutsch dur gane de gund,
wonklantsch rin reilgintsch;
beitwin war schtarg o schas,
schtrabele galgewändig
sit melge eis zwei drü
schnäme igere leischtume na:
dur gane de gund sil gändiger tang.
so flunget al wo lenswach winglet, berad ane nünzelige gor.
tlaubig isch bäkerbelkig si reschtis schtrömig dri, gwel de
burcher tötz usghaunet hät. schpockle hätz gä, bigasinere
gad ö wante schlönzus. go waut enkalger schtanple gebahr, wan
rumaschte hülleret und gischt und rüeft:
reitschlank do wige sen argon sene sosch,
bilge gintsch er schtrabelet umberlorn;
an tuesche vergüene mas wittlässer fo,
dönen wehrlisch kalg, dönen kalg
bin falgen tzobe: krahn kalg.
rolige ritz abege munk isch öppe nälk wit erschüdlene gongor.
gschburgene wantschleeme vertumpflet ole wächs, une sel birgel
x'genahre ol göppe sen ger tschlan oder gar sergel an tschölt.
tur bas krahn wan tleisige schtahr vernienet gieng.
büff und ronig gär eisch tel grimeran kor
und ei schgride lib ergände scho wahrbor.
akräng an garenatte nowe
norf und scho verschunklet.
schnorgeschburge benart fö de wäntlischt gongerlöhr
so fämblet ols gäge birkläder de gäntelschlamm,
wersch we lümplang schum umsel gantsch.
e wäle fochzlet ä nüd umesusch.

4

```
gal   ker   kos   din   map   nei
hen   tag   mos   kun   ges   tau
wol   zin   daf   sel   wot   feu
dun   kas   for   wam   dit   koi
ron   tas   pen   fol   rat   bui
```

nach golkund am schrolg und ach zalgroschten farnachte
bergwals, fargoschte gon tschädere wand, mangrau so fodere
baltz. dach faltschers zing berschulget asere grankwäge de
torm; solch als ‹rongeschtel› oder ‹tolz›, we gesch al
gontmapes flopet, dar kascht wan zargäte befanget, ons lund
an schturge fond vergeuscht. dos wader ach gen schronk, so
fodele gon gäge fandalp. ghören salperschtund am golk, mit
schtorem penkoi zer schtrahmig entwächerlet. schwern, am
naugen kattel ze schonden, dor sach den algwägige schtorm
verbeiti weled ä bilunge verbutzt.

chong, chong man zägel und schier üders ees
dach fankäbel wernet eim zem tonkle bau
as wäss garnoscht en folgöderliche beglas
wan zoberschtrauch und selge schurm und fahn
sel tschäder gontschet, bi gerschtangel tschees
dal foscht ans fahrne salm, tod im rafzerfäld.
nach schtalge form und alem uschgong gol
san cholme darnescht vergäge tauges, feuges,
schar und tröösch salberet, eifach emol
dure taschke sodere, alfoscht wene fulgehr
oder a daf zin kam bim chong fählt
kan gleune me, kan schänkarm ogerlampet us
und als wos kamblaugene sen tschomp gereut
und nüd als es kupferschtund zem tonelus
de tolz fan guen gon tschädere bigoscht
es tankele schonk for chalzwungere, göhl,
schleunet kan zinglade schibe bälben zahl
üders ees man zägel und chong, chong.

```
fan   zes   bol   pas   ker   seu
sol   fer   ges   tel   sam   poi
wan   kel   dul   gen   wan   gau
wal   zes   for   gen   gal   tei
sol   sol   ran   pas   run   tui
```

alwarts neigungen

eine gluse, rigwerlend on sungürtel, in schlässen tuer und
tarn ges tätem gertschwi gang. mei fiedera but an schtirlem
sahr ond schtuch. wächgoböhr schemet ogen fülggops, en mätz.
ale gant alwart wahrgile fläbschet an gan de burk on rämpel.
scheublücht am gurländene pfunx en balspittu fodere chäle-
gschadlen schtorn.
    parschtlen forget amp und zehglade fahr
    ans wälpferet rischtlin tscherk.
    boscht ritschel wult zer ‹werkverfahn› zugg,
    sändlabere burk als eis donk alwart,
    dues da gänzwahl, bas fomkabel bätsch
    al wischtwügel orli tagorli de schpölz.
al schrampf kubitschwerig gomulbe, so pluet isch ere gschackt.
dor kahrböde far schwinklüderet marschlund a ne sahr, als
antschler weger us, üs ach wurzlambet ein schtändele ane back.
vom forbankläge uf atz wank ane tuback isch de brunglädige
schtätz berunge gorde. buns heik is tue:
    parschtlen forget wankwäle schmolz,
    bin durgäge wöntsch em gurde schtrack,
    son kahrgloge montsch we gatchuelene schtänd
    wänd was cho go woskle gegerbing us änd.
    loch berg as pfodere sal säckline sack
    gasch tlobere schöp deguene golz.
atz lauberschträugle, wede roglschtar gan zumblerschnopse gonz
gautschwädere lischsägel wanglet, und roschfalbe fitteret am
betschge bahl. solegge wat barligerschtriem em buscht, ene
bunz praviter schmackel; gaäzabe ruckum, borkulm und
bonukulum am gröltsche paraglarm.
    näbuschwändigi gluse förgane fahr!
    bantwolpfe sentze schründige gafahr!
    blähmfahne mahd in tschwätzlerischem alwart
    war schworfech zwalgenschtaun fan geischme bos
    zu glanckergumpf bes gorli de burk burfankele,
    zwosch am schaunentwolge forzi zugle,
    ja forzigo zurk.

naskan

bäume fliegen durch die luft
im guten land, das naskan hat geboren
die kunde sirrt durch alle drähte
und inne hält der einsame
perkussionist am bahndamm
der falke naskan ist zurück

nach astenpucht währen fol zu gankelstreichen und mas zu
schwelen fachtverkausen bam lombenkass entsturcht, der
falke naskan wölk und gass betront bis an die zarge, kehrt
hom kalunsen trog zu scharen. bin krolgen fechtlen am stab,
kalsische längen am gesarten leib, schrändenen begein,
kanzögelschtor und, erländs go sicht, kam sondel scholt dor
walgen (thi-) langer schorn zu nahren sanse matten zahr, zu
fecken sanse gläder. muskenflügel, sämpelkarn mas kobelstöhr
und angerogelte bastomben, kadalsche überbleibsel wie die
faustrechnung im briefkasten. schupp gan sanse lank wet
fanzwolden gelt ragender streim. kupladern scheigt der
haines kalbweg, salgend wiltschen raschen horbeu gis wangs
wagen hinunter und noch weit hinaus gegen den zilch-
geschäumten mount federle. förling schelgt geneis den
wolgenden kalen, zolg naskan der falke ran den sturg, die
fehrnsäcke far dan funzer gelastellt. diese lamense alzohne
targ und schar, wichtel starn ludich, fast wie sank zerstand,
dal gecht nun sanz walgedenger naus und racht belurk felbach,
aus, vanzehr bergild und zu schorn. reblich verlasgammel,
folgert margauben, falzoferlasgammel. walzoch am jugilen
stauch under steichner barnbank, walkung sanse fochzel
rachgestriegelt. alsa zern und sanse menkelbeut dar bulgwach
vergestrombelt, führlahn fort und raus geboldert, fort von
diesem ort und raus aus diesem haus.
        :ama gro bi ra tüng
        :ab lag di ro ge ma tüng

10/11   Anton Bruhin

tagorli froil

am balge schtorzgemole, de schwalger denbem klapf duruf.
am bargelschtumpf an schtürleger zwarg, work und balwark
sen galgenbanck mög emol dis balgetschte nuech belampet,
nuech am olte nu nuech am ligischte. wer güttlet schan de
bralke mar schwink ane gupf? wer bögelet uf albinigem sumpf?
mas al mog em blanke buetz sum schtäfel, mer söbi berleut.
    algoscht se räbelet bi gänz dur bäne de gund,
    sälbeschtene brasch we gerbene schwot solbe
    anggoleme schwund, mas ronzwet em duch e burk.
    elsampe schnorpfet uf änd uf änd em burk
    bileschtet als we bonger de schnuf em twolge.
    schlömpäle n uf, gämplindene wage de bolgischtin
    und, lamkünge gämpet ols em pack, mas räpf em schott.
    monige lüntsch abege monz an geiklere schtahmgätz
    entwolget gopf, bälgömpel jodere schlorz ale schpott.
algötschneise brat se schrüb afe schmalge, degänder balsantäre
demögle sen zumplämber. galtwägle ne bissu fall zu kalg,
wehrlich. don thornschreubel deneiget sen wahrlöschtige schoff,
bem olge ufredlene froil. sensensem bätsch sensem tagorli
baraut, no sahbet al tagenall. sum schtäfel bleut. sal pinggen al
taff on zanbler und schlöderem us und schmalget en gisalzäng,
galzohne sen salgene schlihr bol söntsche bos fomkabel bätscht.
    und lasch rodanger em algoscht si gunz loge bäne,
    und schnorpfet em galz, pilz und gitter balzue,
    do schwäderets nagede sen balge zwarg. (tau)
    parschtlen wanglet sen schtrohmage schlätt,
    for banklägede schan gad en derige schas
    dan tschläpfe sen scharzohnig en gongangule burk.

balgus ambambalgus

es goren scheubentahre fem plahr bes zem bidautemdem gerk.
die leppen wundelten des ganten, sabohr zem ganbetraben.
nielunzwegen. und als auf reugen bolz gelgartet sorb, gedruns
als fem zwischgeflutter gargalt zem schalbattendem staus
entwelben sont, mit gunz und balbergahl entwelben sont.
    ficht on tschaus ambambalgus mit seinem buck
    ber wiesentwundet leuber ganzu dau,
    alangor, belsicht noch krahns gedolpen
    mägen dechsan kuhl, bas lunze giesch an trahn.
galzwen scheugerlande wampelt sal tuhren sen gerbeil da-
zwosch. doch balgus, findig und for welzlosen gebloch und
buhn, getrode sen sentarge glan und bas zer falben konquenz
dem gulgerband soltan denieben. bin zwalgebuhn sen saun
als borfankeles verstausen fuln ergöhnt, so flube hingebaulen
bes torn und ultersteug verbonselt, so sich zem bulken stor for
balse greugen zem golben scheuger niederbaut. bir kungelt
gasentaff sen samgerutsch als umbe. nirgelsank vergar walzun-
gelten berumpf, fiehr so wecht und brongend rault, nichts
wan fol farn gebrieden.
    balgus ambambalgus falke ruft birgalze loh zem krau,
    dan salgersteusel sich zem walpen folge zeicht
    und frast, wal seimgerlies die foderen spund leht,
    for soltan, ber siemel stangolast vergeht,
    sen bilgenstomm verbicht und olzen krahn.

zichtels wunsch

bal zambel streudelte zur länglichen zeit dahin
im zorn mit stulger faust das dach gewendet
galsamt der nacht die da schirmt die seinen
dan zirgel stauch des frölen hethebichter golz
dan lingert sich von selbst der schnellen fistel
zalg und zeit für krages lauten fol so baltelt
als wan der silzgeränderte sorg herabgelassen
fon das ralge schingern und was weiss was noch
sol kandholgers waden sill zerlässt fan klerg
aderlab gerännselt under selgen fulgem gedaun
und matternichts im laumen tal des ralgen ruf
thaff zu gauerlichtem krang fon huft umhin
askel sinn sein gulk was folzicht bei wenden
so fersefergelten wiederkäufer hatmas geläut
bosthaffel schickt fol kang kelgen thiu zugut
auf diesem leige fachtelt almen tuch bei zambel
vorgestel starn gebeut im tschich zerbelget auf
das fästel gar besick fer gan golga lauter sau
kam zichtels wunsch zurecht gebeut den leuten
galkächers karren aus dem dreck hinausgezogen
um tosch der dalben wacht in horz fon darher
russ kongelt schon seit fülgen reihen monden
was fol dasch zerficht wan sanser kahn ersank
fargesolderten horz und fasst fon wesenlicher
und sein bargen pflichten sich mitgespellt
for wald und leut was gunk verkallt zu daugen
tisch wester lichtet wasken galt geleu vertan
bin zachten fahr fon hie zu dort des nahen tages
bald ästelt dies den laubgekrönten holzbaum
bald lässt ihn dies in ruh

gankwast

frungel sochte uber die lechte kaltung
als am bonde sachler fost vergambelte
stieg gankwast aus dem wankenden gefährt
fon zacheltriebenen starn fol kasser
verstault und breigen poskel zum tage
was wan keif gen scharne lechten ziel
was auch wan karnel sich verlaugend
bei kasper zen die stiefel ach beseelt
fon zich als achterleck verkleidet hat
nichts als wan die maskel hat verzogen
fon belgas treiben in kantel angesetzt
ach thils bedräust du denn dein lauden
sol dankest in kapfgedäus alsanten feu
ach thils was hast du denn verbuttelt
kalgest auch zuweigen solden frungel
wechtelst gar for singesteuben trahn
um facht erschüsselt fon zu zentriforz
am schlesentor die lange nacht erfuhr
und wintelsacht verbeuget sich gankwast
wie von einem donnerschlag gestreift

de mudge

naffel tisch for wan was kallert
san perdel getz fol kandering
sontessen sappel tausend und zurück
waller fonzuselben rasch fon gesterfüllt
dar dich gerannt mit von ras gelahn
sintach, rostal, farn und allbedeut
lässense fahr fol dasser gichtung
bichelweise rass gekonzelt undund als
wechlehne ringelwellen sanko lager
achkandel doffelt sich waltescherer
verleise assel fasch gersettel woch
was ran geleit an des dass wan fon
kesch dar schint von den ästen runter
solger wesenwecke for dam fusse lag
gesch firli set al bindelgund fank
alsach von berkladen gestanden und mit
sterz am hut den ralgen tap vertan
ach disingiz und nach und zu was kann
was kann der lenke roff mus de mudge

3 gedichte / eins

eig ritt wen fleus und faug ritt an
der sich kald ant ohlen sel gel ganz
als fon zerg ver staub rasch enthin
bes kol söcht ergetzel walt und scheu
kein lint werg zum schall fon wiesen
auf sann wilker als auf sann kogel
tonse wess verkellen so als unge an
fida beck wergus noch elstreigend hin
felk werg och lanser auf sann elms
schaff der docht erdel hin gedröhnt
und sin ja sinn se allesamt abstein
so kann kolch mit sanse ferg auch
silten fon dem buel nach sonten fall
und schoie 'st allzu forgehend zu tau
under ferk und aller non kanauber zu
es ratt wan zolt und kum vergestöllt
hin fahren als auf dieser schleife
fon zerg zer steubel söcht sich faug
wor hin tiss genau kall an sense zeug
wahr bei zu schank der trüsse ans e
ran und was dies leien hingeweht
kaum vergeult for fer fahr und wart
nur bald auch du

3 gedichte / zwei

in holz gerutzt an greichen bettern
will der stolken tause rasch vertun
unzeuber schei ver kan sen tor so
lauf zen koll nach teusen ziele hin
erdel stramm und fast berleut krahl
o wan zelgen schirr und hauf gedau
da künnt auch nicht fer kolges gras
auch stöllgen nicht und zauer stölg
und auch nicht schank oder wergus
wergus ohneher sich hat nach steubel
kan zerneuert auf den gralen sichten
obenhin gefleuselt an los und warn
wan schöft es rang als ratt so will
die des hauf zur saulen schick heran
der hahn zu tritt wan dies getreten
als auch schott for tahlen sich set
ach fleus o lontel sei fon ostrauch
welge hin so laff dich raus algegen
dieser schlaufe ran mit sann sogelt
so fällt fo stirn sann wilker nicht
und was auch ratt auf diesen ebenen
sen falg bei darlen fleusen ferg her
so folg dahin

3 gedichte / drei

halz auf rond fon zauch als in vergau
und salg auf starn verbetten her tor
alke schinn so burr geleich und star
her lichtet sanse reu verbicht weil
thi fon söcher lett und ring zu sat
kan dil fat ran sich dell gebreit
ul zeufen kolg am huf was horn schilt
kan zang geraut und auch kan schott
wan ratt und warner auf der weidel
schitz ver fon zerfahr dan sal koi
kaum der weg nach tag und mangem jahr
tos kalg so reich dein hermel her
sal tuch auf hatz in hospe hingelegt
sonst foll tes keus die ziel fan du
du musst sich nicht fon wergus holm
dem stungel aufzug weg wan fon thi
der zu scheige wach ins krahle licht
und silten foch dar zelg und galost
mit rutt und einer sann sann kalg
fon fern fon forn und nun auch noch
fon stirn zu stern bas kalge zeiht
wan sont for eig was hin zergegen
dies ist das end

Obertöne

Gespräch mit Anton Bruhin
Zürich, Juni 1999

Engeler: Anton Bruhin, Du bist ein sehr vielseitiger Künstler: Du hast soeben ein Buch veröffentlicht mit Porträtzeichnungen von Schweizer Volksmusikanten, Du malst große und schöne Bilder, Du dichtest und Du spielst, neben andern Instrumenten, virtuos die Maultrommel.

Bruhin: Wahrscheinlich habe ich als kleines Kind «Gaggi» an die Wand geschmiert, wie das viele machen, aber ich glaube nicht, daß das der Anfang der Malerei war. Ich erinnere mich aber, daß mich schon als kleines Kind die Kantonswappen auf den Autoschildern faszinierten. Die habe ich genau angeschaut, das sind ja so Aluminiumschilder mit Relief, und die 24 Kantonswappen konnte ich, schon bevor ich zur Schule ging, einigermaßen korrekt auswendig zeichnen, inklusive Bündner Steinbock und Schaffhauser Schafsbock. Ich weiß eigentlich nicht, warum mich diese Dinge fasziniert haben. Aber heute denke ich, daß die Malerei ihren Ursprung möglicherweise im Schild und im Wappen hat, im Wirtshausschild oder im Streitschild, das das Wappen trug. Später dann, an der Kunstgewerbeschule, hat mich die «Signalkunst» interessiert, die Elemente von Straßenschildern oder aus Landkarten in die Bilder aufgenommen hat. Mit den Buchstaben und Zahlen ging es mir eigentlich gleich: Bevor ich ihren Sinn verstehen konnte, haben sie mich als Wesen fasziniert, zum Beispiel das schöne Schreibmaschinen-G mit dem unten dranhängenden Kreis oder mit dem Zötteli oben, so wie ein Narr eine Schelle an der Kappe hat. Dann habe ich auf der Schreibmaschine meines Vaters Erkundigungen gemacht, so daß ich noch vor der Schule schreiben konnte, zumindest das Alphabet. Später dann, auf den Umwegen meiner Berufswahl, habe ich eine Schriftsetzerlehre begonnen, weil das Interesse an den Buchstaben sehr stark war.

Engeler: Wenn die Malerei mit den Wappen auf den Autoschildern losgeht: Da sind ja nicht nur Wappen drauf, sondern auch Zahlen und Buchstaben, recht kryptische Mitteilungen, egal, ob man ein Kind oder erwachsen ist, diese ZH oder VD. Was heißt das eigentlich? War das eine erste Begegnung mit Lautpoesie?

Bruhin: Noch bevor ich den Sinn der Buchstaben verstand, waren sie als Buchstabenwesen mit ihrem Eigenleben da. Ihre Bedeutung spielte keine Rolle. Erst später stellt man sich vor, daß das etwas heißt, man weiß, daß die Eltern lesen und die Buchstaben ein Wort bilden. Also malt man sich Wörter aufgrund der Buchstaben. So ist es dann später umgekehrt mit den *heldengesängen* gegangen, wo die Wörter wieder unverständlich werden respektive einen Schritt in Richtung Unverständlichkeit machen. Oder diese Kindheitserfahrung mit der Predigt in der Kirche, wo noch der Tonfall und der Hall dazu kommen: Man versteht zwar einige Wörter, kann aber dem Sinn der Predigt nicht folgen. Als Kind imitiert man diese Predigt, oder man ahmt einen Kirchengesang zuhause nach. Sind das Mißverständnisse, sind es Projektionen? Jedenfalls ist da eine eigene Kreativität drin. Ich glaube, das Nachahmen ist ein Grundelement der Kunst. Für mich ist eine Motivation das Nachahmen. Kinder lernen durch Nachahmen, und wenn ein Kind ein Spiel spielt, will ein anderes es ebenfalls spielen. In der Kunst wird es wohl nicht anders sein. Bis diese großbürgerliche Kunstvorstellung kam des Individuums, des Genius, des Einmaligen, war es selbstverständlich, daß ein Dichter «Bücher abgeschrieben» hat, also Variationen oder Erweiterungen hergestellt hat, ohne daß man von Plagiaten sprach. Heute haben wir das wieder wunderbar durch das Sampling in der modernen Musik, in der nur noch Bestandteile bestehender Musik verwendet werden. Es wird immer noch mit Wasser gekocht. Durch die elektronischen Medien kommen zwar richtige neue Möglichkeiten dazu, aber es gelten dort weiterhin die alten Gesetze der Gestaltung, der überraschten und erfüllten Hörgewohnheit.

Engeler: In den *heldengesängen* ist das Imitieren recht prominent. Man hört gewisse Folien oder Echoräume im Hintergrund, eben z.B. den klassischen Heldengesang.

Schreibheft

Zeitschrift für Literatur 52

Inhalt Nr. 52

Aus den letzten Heften

Abo

Ich möchte das **Schreibheft** ab Nr. ...
abonnieren

**Das Schreibheft, Zeitschrift für Literatur
erscheint zweimal im Jahr
Schreibheft 52 kostet 20,- DM (zuzgl. Porto)
Das Abo (4 Hefte) 56,- DM (zuzgl. Porto
Inland 12,- DM; Ausland 14,- DM)**

56,- DM + Porto habe ich überwiesen ❑
Ich habe einen Scheck beigelegt ❑
Schicken Sie mir bitte eine Rechnung ❑

Name   Adresse   Unterschrift

Das Abonnement verlängert sich automatisch
um 4 Hefte, wenn ich es nicht kündige

Schreibheft, Zeitschrift für Literatur, **Herausgeber:** Norbert Wehr, **Schreibheft** erscheint zweimal jährlich im **Rigodon-Verlag, Nieberdingstr. 18, 45147 Essen, Tel. (0201) 778111, Fax (0201) 775174**, Bank für Gemeinwirtschaft Essen, Kto.-Nr. 1 206 309 700 (BLZ 360 101 11), Postgirokonto Nr. 3303 12 - 435 Norbert Wehr Schreibheft, Postbank Essen, Einzelverkaufspreis: **20,- DM**, Abonnement (4 Hefte): **56,- DM** zuzgl. Versandspesen (Inland 12,- DM; Ausland 14,- DM), ISSN 0174 - 2132

Pressestimmen

DIE ZEIT: Norbert Wehr stellt Neues und Vergessenes vor, blickt vor allem immer wieder über die Grenzen, im Scout, der uns zeigt, wie anderswo gedacht und gedichtet wird ... Der Reichtum ist erstaunlich, hier geschieht, was nicht genug gerühmt werden kann: Literatur, die kein deutscher Verlag übersetzen läßt, Entprovinzialisierung, Entgrenzung des Horizonts ...

Frankfurter Allgemeine Zeitung: Das *Schreibheft* bestätigt seit geraumer Zeit zuverlässig seinen Ruf, eine der interessantesten deutschen Literaturzeitschriften zu sein.

Westdeutscher Rundfunk: Das *Schreibheft* ist ohne Zweifel seit Jahren ein ganz eigenartiger Spiegel des Betriebs: Es zeigt, was der Betrieb gern wäre, worauf er sich einige, worauf er Wert legte ... Es zeigt ihm, wie er sein müßte, damit er sich besseren Gewissens ins Gesicht sehen dürfte.

Frankfurter Rundschau: Das *Schreibheft* ist das einzigartige A & O aller fortgeschrittenen (Welt-)Literatur-Kenner & -Liebhaber. Ein zweimal jährlich bestelltes weites Feld, auf dem man a) das kommende Gras wachsen hört und b) essayistisch geerntet wird.

Süddeutsche Zeitung: Die letzten Ausgaben des *Schreibhefts* sind von allererster Qualität. Es sind spannende Dokumente aus den experimentellen Randzonen aktueller Schreibweisen, Dossiers zu schwer zugänglicher Literatur, Debatten, die mitten ins Feld der unabgeschlossenen, brennenden Kreuz-und-quer-Diskussionen über die sogenannte Postmoderne zielen.

Deutschlandfunk: Das *Schreibheft* hat die ertragreichsten Expeditionen durch die Kontinente der europäischen und nordamerikanischen Gegenwartsliteratur unternommen. Es ist Pflichtlektüre für alle, die sich mit den avancierten Projekten der modernen Weltliteratur vertraut machen wollen.

Stuttgarter Zeitung: Das Erfolgskonzept des *Schreibhefts:* entdeckungslustig, waghalsig, vielsprachig und experimentierfreudig.

Badische Zeitung: Wenn man sich einmal an die avantgardistische Literatur unserer Gegenwart erinnern sollte, wird man kaum am *Schreibheft* vorbeikommen: Niemand beobachtet mit soviel Fleiß, Leidenschaft und stillem Vergnügen die alten Großmeister und die neuen Tendenzen in der Weltliteratur.

Hessischer Rundfunk: Das *Schreibheft* genießt den singulären Ruf, die Entwicklung des modernen Erzählens und Dichtens mit spähendem Blick auf die Neuerer, Experimentatoren und Pioniere im internationalen Maßstab mitzuverfolgen.

Basler Zeitung: Das *Schreibheft* ist mehr als eine gute Literaturzeitschrift, es ist ein Phänomen. Seit Jahren konzipiert die Redaktion Ausgabe um Ausgabe mit gleichbleibend hohem Niveau und erstaunlichem Einblick in internationale Entwicklungen.

Berliner Zeitung: Norbert Wehrs fabulöse Literaturzeitschrift versucht nie den großen Schwenk über den literarischen Zeit- und Weltgeist mit Hilfe sich willig spreizender Hilfs- und Staressayisten. Stattdessen werden feine kleine (aber immer buchdicke) Studienausgaben zu Einzelthemen und -personen geliefert, jedes Liebhaberstück und Fundgrube zugleich. Was in der literarischen Welt gerade Mode wird, ist im *Schreibheft* immer schon auf belebende Weise erschöpfend abgehandelt worden.

die tageszeitung: Die Literatur, so Borges, ist eine der Formen des Glücks; vielleicht hat uns keine Zeitschrift so viele glückliche, zumindest aber lehrreiche Stunden bereitet wie das *Schreibheft*.

Bruhin: Ja, das pathetische Gehabe eines Herolds, der deklamiert, der Tonfall gehört auch dazu.

Engeler: Man erkennt ja auch Satzstrukturen wieder. Das Wortmaterial ist dagegen recht weit vom Mittelalter weg.

Bruhin: Ja, nein. Ich widerspreche mir hier: einerseits ist es unverständlich, auf einer anderen Ebene aber verständlich, denn es läßt sich leicht Bedeutung hineinprojiezieren, wie ich das als Kind mit den Autoschildern getan habe. Der Zuhörer bildet sich Sinn. Und fortschreitend kommen ja mehr reale deutsche Wörter hinzu, die einem Anhaltspunkte geben und zurückführen in die Nähe vermeintlicher Bedeutung.

Engeler: Gab es anfänglich eine Art Grundtext, der schon immer ein verständlicher Text war und den Du dann verfremdet hast, indem Du etwa Buchstaben oder Laute austauschst, oder ist alles Erfindung?

Bruhin: Das letztere ist der Fall. Sicher habe ich auch einzelne Wörter abgewandelt und eingestreut, aber grundsätzlich sind mir die Wörter so, wie sie dastehen, in den Sinn gekommen. Es gibt Stellen, wo offenbar Raufereien stattfinden oder sogar Schlachten, oder es gibt Stellen, wo geschlafen wird oder eine liebliche Landschaft ihre Klänge verlauten läßt. Das ist zum Teil über eine Nähe zur Semantik wahrnehmbar und zum Teil durch den Tonfall und die Charakteristik der Wörter: es gibt kantige Wörter, weiche Wörter, laute Silben, nasse und trockene, etc.

Engeler: Die *heldengesänge* sind also in einem Schreibfluß entstanden, so wie sich anderes Schreiben auch seinem momentanen Fluß verdankt und permanent gefüttert wird durch Imagination, die sich am Klang entzündet oder an einem Gefühl, in welche Richtung sich der Text entwickelt, also ob hier eine Landschaft beschrieben wird oder eine Rauferei beginnt. Das Bilderdenken hat offenbar eine Rolle gespielt.

Bruhin: Stellenweise schon. Bei *naskan* wird ja auf Deutsch erklärt, worum es geht: Der Falke Naskan kommt zurück, der einsame Perkussionist am Bahndamm hält inne. Da hat man eine Situation. Die sollte auch in den anderen Gesängen drin sein, in denen keine deutsche Sprache vorkommt, sondern nur deutsch klingende Pseudosprache. Einen Vorsatz hatte ich, bevor ich anfing mit den *heldengesängen*: Ich wollte einmal etwas schreiben, bei dem die Leser nicht mehr mitkommen, etwas, was sich verschließt und auch kein rechtes Interesse wecken kann. Ich wollte etwas, was sinnlos da ist und wohl kaum Erfolg hat. Da es bei einigen Leuten doch gut angekommen ist, ging dieser Schuß nach hinten los.

Engeler: Wenn ich jetzt nach Vorbildern für ein solches Tun suche: Waren Dir die lautpoetischen Traditionen bekannt?

Bruhin: Selbstverständlich sind mir einige dieser Geschichten – Schwitters, die französischen Lettristen, Ernst Jandl, auch andere Richtungen – das ist mir bekannt gewesen. Ich war mir auch bewußt, daß das schon in der Renaissance oder im Barock da war. Ich habe es nicht erfunden, es steckt in der Struktur der Sprache und in der des menschlichen Gehirns drin. Vor den *heldengesängen* nahm ich andere Texte, zum Beispiel Gedichte aus einem Globi-Buch, und schrieb Gedichte, die lautmalerisch ähnlich wie die Globi-Verse sind, die man aber nicht mehr versteht. Man kann einen Text nehmen und in einen andern Text verwandeln, indem man ähnliche Laute und Silben verwendet, und wenn man diese beiden Texte synchron lesen würde, würden ganz kleine Interferenzen entstehen und es gäbe einen ganz andern Sinn. Also Abwandlungen von bestehenden Gedichten, solche Sachen hatte ich als Experimente bereits gemacht. In der Folge habe ich mich davon gelöst und es sind eigenständige Texte entstanden.

Engeler: Natürlich bin ich mir bewußt, daß du dich auskennst in der Kunst und weißt, was es an Ismen und Strömungen und Moden gibt. Aber ich habe bei Dir den Eindruck, daß Du davon ziemlich unbelastet bist und einen Blick und ein Ohr hast für Dinge, die man einer eher volkstümlichen Kultur zuordnen würde. Elemente aus der Volkskultur scheinen für Dich weit wichtiger zu sein und tragen dich weiter als alle modernen Elaboriertheiten.

Bruhin: Was kann ich dazu schon sagen? Ja. (Lacht) Ich habe tatsächlich nostalgische Gefühle für die Zeiten, in denen die Kunst- und die Volksmusik ein geschwisterliches Verhältnis hatten, anders als heute, wo es kaum mehr eine Verbindung zwischen den beiden gibt, zumindest in der Rezeption. Ich will die beiden zwar nicht gleichstellen, aber wenn man denn schon wählen muß, entweder elitäre Musik oder halt Musik, die sich horizontal zum Zuhörer wendet, würde ich mich lieber zu den Volksmusikanten gesellen.

Engeler: Als Dichter bist Du aber kaum ein Volksdichter, denn der würde Unverständlichkeit mit aller Gewalt zu vermeiden suchen.

Bruhin: Naja, das ist jetzt ein Fall. Früher habe ich viele Dinge gemacht, die nur für sich existieren, und das Interesse daran habe ich immer noch nicht verloren. In den 80ern Jahren habe ich fast ausschließlich gemalt, nach der Natur, die Aussicht aus meinem Fenster, vom Balkon, das Panorama, die Geleiseanlage des Bahnhofs Zürich. Was war da die Absicht? Die Absicht war zu malen. Ich wollte keinen neuen Stil erfinden oder eine neue Kunsttheorie, ich nahm die Wirklichkeit als Partitur und bannte sie als Interpretation auf Leinwand. Man könnte sagen: ich male ab, aber ich sage lieber: ich interpretiere. Das hat einen Nebeneffekt, der mir nicht unerwünscht ist: Jeder Mensch kann diese Bilder lesen, es braucht dazu kein Kunstverständnis. Das war mir in dieser Arbeit wichtig. Auch heute, wenn ich Maultrommel spiele oder sonst Musik mache, dann sollte das lesbar sein für jedermann, für jedes Alter und jede kulturelle Schicht. Was darüber hinaus geht, was künstlerischer Gehalt ist, da muß ich einfach darauf hoffen, daß der von allein mitkommt. Ich kann ja nicht ein Bild beginnen und sagen, jetzt mache ich eine tolle Kunst oder eine weniger tolle Kunst, sondern ich male ein Bild, und das wird dann gut oder gelingt halt nicht. Damit sollte man sich nicht aufhalten.

Engeler: Auf der Platte zu den *heldengesängen* hört man Dich die Gedichte zu Musik lesen. Diese Musik ist offenbar eine technologisch primitive Form des Samplings.

Bruhin: Das war nicht nur bei den *heldengesängen* so, sondern auch bei andern Sachen, die ich in dieser Zeit machte. Es ging darum, die Gedichte in Lesungen vorzutragen, und wenn ich die Leute schon bemühe, eine Stunde oder zwei still zu sitzen, dann will ich sie wenigstens gut unterhalten und nicht nur in mein Manuskript hinein brummeln, wie ich das vielfach bei Lesungen höre. Einige Texte sind bereits rhythmisch-musikalisch gedacht mit einer Begleitmusik, einem Begleitgeräusch oder einer Begleitstimme. Solche Sachen habe ich auf Band vorbereitet und bei den Lesungen abgespielt und dann live dazu gelesen. Bei den *heldengesängen*, in denen ja jeder Held einen anderen Dialekt hat und aus einer andern geographisch fiktiven Region kommt, wollte ich jedem auch eine eigene Musik zugesellen. Ich habe dazu verschiedene musikalische Materialien verwendet, selber verschiedene Instrumente gespielt, aber auch Teile aus bestehender Musik genommen, bei *argons tod* zum Beispiel aus *Take Five* von Dave Brubeck ein oder zwei Takte, die ich in einen Loop geschnitten habe, in dem nur die Rythmsection spielt, also keine Soloinstrumente, um vor diesem Background zu lesen. Es ist sehr schön, Sprache zu rezitieren auf einem fünf-viertel-Rhythmus, weil das mit dem Einer nicht so marschhaft streng ist. Man kann frei dazu phrasieren. Loops dieser Art gibt's auch bei andern Gedichten. Einmal habe ich im Tonstudio einen Loop laufen lassen und dazu Musik eingeblendet, die in dem Moment gerade im Rundfunk gesendet wurde. Das ist auch eine Art Mix oder Sampling.

Engeler: Die Bläserstücke zwischen den Gedichten sind speziell für die Aufnahme komponiert worden?

Bruhin: Ursprünglich wollte ich für jeden Held ein Wappen schneiden. Ich habe solche Versuche gemacht, aber sie waren unbefriedigend, deshalb habe ich schließlich fünf Tafeln mit heraldischen Versatzstücken gezeichnet. Den Wappen entsprechend hat nun jeder Held eine musikalische Fanfare. Die wollte ich unbedingt in Blech haben, deshalb habe ich Radu Malfatti den Auftrag gegeben, solche Fanfaren zu schreiben. Der hat das wunderbar gemacht, es sind ganz prächtige Fanfaren geworden.

Engeler: So daß die *heldengesänge* heute bestehen aus zwei Schallplatten mit Vertonungen aller Gedichte plus den Fanfaren dazwischen und einem Buch, in Blei von Dir gesetzt, mit allen Gedichten und einem Nachwort von Giovanni Blumer und fünf heraldischen Tafeln in Buchdruck, die in das Buch eingelegt sind, und das alles in einer großen, leinenbespannten Schachtel. Etwa in derselben Zeit, gegen Ende der 70er Jahre, gab es da noch eine andere, legendäre und erstaunliche Spracharbeit, nämlich *rotomotor*.

Bruhin: *rotomotor* besteht aus über 3000 schweizerdeutschen Wörtern in einer Reihenfolge ihrer Ähnlichkeit nach: bei jedem nachfolgenden Wort kommt ein Buchstabe neu dazu oder es fällt einer weg oder einer wird durch einen andern ersetzt, so daß sich zwei aufeinanderfolgende Wörter nur durch einen Buchstaben voneinander unterscheiden. Das bringt dann vielfach auch eine Lautähnlichkeit, nicht nur eine Buchstabenbildähnlichkeit. Also eine Metamorphose.

Engeler: Und auch wieder eine Art Abschreiben.

Bruhin: Ja, eines gibt aus sich selbst heraus das nächste.

Engeler: Und dann gab es lange Zeit nichts mehr mit Schreiben.

Bruhin: Irgendwann hat das Schreiben aufgehört. Man kann ja nicht alles gleichzeitig machen, und zum Schreiben brauche ich jeweils ein paar Wochen, bis mein Hirn auf der Schreibhälfte wieder funktioniert, weil die bildnerische Arbeit und die Musik doch stark auf der anderen Hälfte passieren. Ganz anders funktionieren die Palindrome, die ich 1990, 91 begonnen habe. Schon als Schulbub hatte ich probiert, ein Palindrom zu schaffen, aber ich kam über Anna nie hinaus. Auch in der Sekundarschule, aber ich habe nie eines geschafft. Irgendwann wollte ich es aber wissen, längst kannte ich Andre Thomkins, und irgendwann fand ich dann einen Faden, an dem ich das Geflecht aufziehen konnte. Und ein anderes Thema, das mich wieder interessiert, ist Maultrommel und Sprache, also die enge Verbindung zwischen der Maultrommelmusik und der Artikulation der Sprache. Die Obertöne werden ja durch die Stellungen und das Volumen der Mundhöhle herausgefiltert, das heißt, die nicht erwünschten Obertöne werden weggefiltert und dadurch artikuliert sich der gewünschte Oberton des Maultrommel-Grundtones, im Widerspruch zu anderen Beschreibungen, die sagen, daß der Oberton verstärkt werde durch die Resonanz der Maulhöhle. Das Gegenteil ist also der Fall, die unerwünschten Obertöne werden unterdrückt. Da geht es aber nicht nur um das Volumen der Mundhöhle – großes Volumen, tiefere Obertöne, kleines Volumen, hohe Obertöne – auch die Klangfarbe wird durch die Formanten gebildet, ähnlich wie bei der Sprache. Es ist also möglich, mit der Maultrommel Sprache zu artikulieren. Es sind alle Laute möglich, bei denen die Lippen oder die Zähne offen bleiben, weil ja die Feder der Maultrommel durch die Zähne hindurch schwingen können muß. M und p gehen nicht, aber «Guten Tag» geht. Ich habe einmal eine Rundfunksendung zu diesem Thema gemacht, allerdings war das nur ein kurzer Beitrag, wo ich mal alle Vokale durchexerziert habe, die Umlaute und Diphtonge, später auch die Kombinationen mit Konsonanten, also Silben, und am Schluß einen ganzen Text mit Maultrommelmusik und Maultrommeltext untermalt. Das wäre ein Thema, das noch ein Jahr Arbeit verdiente, eine umfassende Abhandlung mit praktischen Beispielen. Schön wäre auch, einmal etwas mit maultrommelnden Dichtern zu machen. Mir kommen gerade drei in den Sinn, Bodo Hell, Peter Weber und ich als ausgedienter Dichter, und es gibt sicher noch weitere.

Anton Bruhin

Oswald Egger

Glosen

aus Juan de la Cruz
zu Kentern des Quirinus Kuhlmann

*   Nachtwach, in Sprache
**   Lieder (die Lied-fachen)
*** Glosen loher Glut

La noche oscura

En una noche oscura,
con ansias, en amores inflamada,
¡oh dichosa ventura!,
salí sin ser notada,
estando ya mi casa sosegada.

A escuras, y segura
por la secreta escala, disfrazada,
¡oh dichosa ventura!,
a escuras y en celada,
estando ya mi casa sosegada.

En la noche dichosa
en secreto, que nadie me veía,
ni yo miraba cosa,
sin otra luz y guía
sino la que en el corazón ardía.

Aquésta me guiaba
más cierto que la luz del mediodía,
adonde me esperaba
quien yo bien me sabía,
en parte donde nadie parecía.

¡Oh noche, que guiaste!
¡Oh noche amable más que el alborada!
¡Oh noche que juntaste
Amado con amada,
amada en el Amado transformada!

*

In einer dunklen Nacht,
von Kosen, zagem Hag Flamant,
o sorgfrohes Los!
entschlüpfe ich, ohne bemerkt zu sein,
da mein Haus schon in friedlicher Ruhe stand.

Im Dunkeln, unbehelligt sicher,
erziemte Stufenleiter klandestin, und unverstellt,
o sorgenfrohes Los!
im Dunkeln unverborgen,
da mein Lager schon in heller Stille hallt.

In jener Nacht, Schemen
in jenem Schweigen, da mich niemand sah, und
ich verwirrte, keine Silhouette, nur Chiarobscures
ohne Klarheit, ohne lichte Direktive
als die lodert, Glut-umrötet.

Mich führte abermalend dies
Sicht-facher als zu Taglicht
hin, wo mir harrte der,
den ich erkannte, in Gegenden,
wo nicht leicht jemand anzutreffen war.

Nachtwach, die Sprache, naht
lodernd und betörend Morgen-blau
Well-rote Nut, die Fug-saum vereint
der Liebenden den Geliebten,
die Geliebtere des Liebenden.

En mi pecho florido,
que entero para él solo se guardaba,
allí quedó dormido,
y yo le regalaba,
y el ventalle de cedros aire daba.

El aire de la almena,
cuando yo sus cabellos esparcía,
con su mano serena
en mi cuello hería,
y todos mis sentidos suspendía.

Quedéme y olvidéme,
el rostro recliné sobre el Amado,
cesó todo, y dejéme,
dejando mi cuidado
entre las azucenas olvidado.

Blühweiß Maselbeere Kornellen
verwahrte ich, ihm da er lag
und schlummert noch,
während ich niedersah auf ihn, kosend,
und Kühlung weht vom Flüsterzweig der Zeder.

Und wie die rege Morgenluft
vom Haupttau und Fallhaar spreute,
umschlang er an wach-ranker Hand
sanft Malven meinen Hals, Pappelbrach
und Rosenweide schwindten alle Sinne.

Zerfahren über sein Gesicht, ich
neigte mich zerstreut zur Anschau des Geliebten
die ganze Welt entging ganz, gewahrsam
lösten Sorgen ihr Los, so völlig, so
begraben lag ich unter Lilien.

El cántico espiritual

¿Adónde te escondiste,
Amado, y me dejaste con gemido?
Como el ciervo huiste,
habiéndome herido;
salí tras ti clamando, y eras ido.

Pastores los que fuerdes
allá por las majadas al otero,
si por ventura vierdes
Aquel que yo más quiero,
decilde que adolezco, peno y muero,

Buscando mis amores,
iré por esos montes y riberas;
ni cogeré las flores,
ni temeré las fieras,
y pasaré los fuertes y fronteras.

¡Oh bosques y espesuras!
plantadas por la mano del Amado!
¡Oh prado de verduras
de flores esmaltado!
Decid si por vosotros ha pasado.

Mil gracias derramando
pasó por estos sotos con presura,
y, yéndolos mirando,
con sola su figura
vestidos los dejó de hermosura.

**

Wo hast du dich verborgen?
Liebender. Und mich liebend verlassen?
Wie Rotwild auf und davongeflohen
bist du, und ich verwundete, und lief hinaus
rufend, aber, unversehens, du warst schon fort.

Gingt ihr, Hirten, wenn ihr gehen werdet,
dorthin, durch die Hürden zum Hügel,
und seht den Geliebten, vielleicht
sagt ihm, ich bin krank, sagt
daß ich leide und, Liebender, ich würde sterben.

Die Ausflucht, den Landschaft suchen des Geliebten
will ich, und umhergehen an den Küsten *cabotage*
der Gestade, weder Kosbeeren pflücken noch Butt-
blumen, noch Faune fürchten und dichtnähtig
an befestigten Grenzen vorübergehend will ich sein.

Trühaft Wälder und Spaliere, Baumgeländer, flach-
fach gezogen durch Handlungen von Hand, *l'aime*,
immerhin wissende Wiese, Blüten-ständiger *émail
de fleurs*, die Blust-stunden Schmalte Feuer-wach,
sagt mir, ob der Liebende Gefilde euch erquerte.

Tausendfalt zerfachte Anmut
verstreichte eilends und gehege dieser Haine,
bis er sie sah – Schemen, Bilder, Schönheit
dergestalt wie wenn, so Tag- und Nacht-gleich,
Liebender sie – Skizzen der Liebe – ließen.

¡Ay!, ¿quién podrá sanarme?
Acaba de entregarte ya de vero.
No quieras enviarme
de hoy más ya mensajero,
que no saben decirme lo que quiero.

Y todos cuantos vagan
de ti me van mil gracias refiriendo,
y todos más me llagan,
y déjame muriendo
un no sé qué que quedan balbuciendo.

Mas ¿cómo perseveras,
¡oh vida!, no viviendo donde vives,
y haciendo por que mueras
las flechas que recibes
de lo que del Amado en ti concibes?

¿Por qué, pues has llagado
aqueste corazón, no le sanaste?
Y, pues me le has robado,
¿por qué así le dejaste,
y no tomas el robo que robaste?

Apaga mis enojos,
pues que ninguno basta a deshacellos.
y véante mis ojos,
pues eres lumbre dellos
y sólo para ti quiero tenellos.

Wer wird mich genesen? Jetzt
zaudere nicht länger und neige dich zueigen,
laß glüh-Gier das schicklichte Böten
loderrot, diese-die Scheintrosse wissen nicht
vermelde, wonach mich sehnt.

Und alle, die kommen und gehen,
berichten *ça ça* Sachen tausendschön von dir,
und versehren mich vermehrt noch; ich
wisse nicht, was soll es bedeuten?, das sie
nur stammeln (und nicht sagen).

Du in dir und wunders dauerst noch wie lange,
Leben, leblos lebendige, zu Tode getroffen vom
Lot der Vorstellungen lanciert, des Liebenden
eher Pfeil (bei der Geburt), bis daß gewahrsamt
Schmelzerz den Geliebten, Farben-falt legierte.

Wie nun, da du mich, mein Herz, verletzt hast,
bin ich sind? vom Raub der Sinne und du
du konntest mich nicht heilen? Wer hat dich,
Liebender, erschreckt, daß du nicht hinnimmst,
Trauter, die Gelegenheit (die Liebe), ist mein Bist.

Lösch aus zuhauf die reigenden Ereignisse,
welche außer sich, nein, keiner versehen kann,
und laß uns unter Augen sagen, wie
du ihr Licht bist, für dich begehrte ich
allesamt von Sicht-in-sich zu tilgen.

Descubre tu presencia,
y máteme tu vista y hermosura;
mira que la dolencia
de amor que no se cura
sino con la presencia y la figura.

¡Oh cristalina fuente,
si en esos tus semblantes plateados
formases de repente
los ojos deseados
que tengo en mis entrañas dibujados!

Apártalos, Amado,
que voy de vuelo. – Vuélvete, paloma,
que el ciervo vulnerado
por el otero asoma
al aire de tu vuelo, y fresco toma.

Mi Amado, las montañas,
los valles solitarios nemorosos,
las ínsulas extrañas,
los ríos sonorosos,
el silbo de los aires amorosos;

La noche sosegada
en par de los levantes del aurora,
la música callada,
la soledad sonora,
la cena, que recrea y enamora.

Enthülle deine Gegenwart,
dein Anschaun und deine Schönheit
sollen mich töten, beide. Denn die Leiden
Liebender, erlegen linder-mild als ob
durch Anwesenheit und Epiphanie.

Quillender Kristallachat, und
bildern die ersehnten Augen, Antlitzen
von Blicken entfesselt und plötzlich
diese einfachen, Silb-schimmern, gemach
in den Schlaf an deiner Schläfe (Wang-entlang).

Laß ab, Liebender, und führe mich nicht weiter,
denn ich entflog. – *Dreh dich, Taube, Ingrün
deiner Augen, wund das Edelwild erscheint im
Kleebeet, zwischen Himmeln und Hügel, und labt
sich an den Luft-lauen Schlägen lautlos vom Flug.*

Mein Liebender ist Wort-für-Wort, die Berge, Unufer
und Gefilde-die mit Flüster-Hainen, Inselbüschen,
die entlegen sind, mit Rauschbeeren und Flußwiesen,
Hagwald die Windglut der Rosendgrille,
so wortstill – Saghaft –, und der Atem atmet.

Heller, stiller Abend
Nacht, die naht, das graube Rot der Morgen,
schweigende Salweiden, zu Pausen verkehrte
Kalme und Schall, ein
belebendes, verliebtes Mahl.

Nuestro lecho florido,
de cuevas de leones enlazado,
en púrpura tendido,
de paz edificado,
de mil escudos de oro coronado.

A zaga de tu huella
las jóvenes discurren al camino
al toque de centella,
al adobado vino,
emisiones de bálsamo divino.

En la interior bodega
de mi Amado bebí, y cuando salía
por toda aquesta vega,
ya cosa no sabía,
y el ganado perdí, que antes seguía.

Allí me dió su pecho,
allí me enseñó ciencia muy sabrosa,
y yo le di de hecho
a mí, sin dejar cosa;
allí le prometí de ser su esposa.

Mi alma se ha empleado,
y todo mi caudal en su servicio.
Ya no guardo ganado,
ni ya tengo otro oficio,
que ya sólo en amar es mi ejercicio.

Unser Bett ist blumen, umtanzt von Panthern
unser Lager, den Löwenhöhlen inschüssig verschanzt,
Lichtblättern die Färberrauten an der Zahl
purpurn, und Friedensbunt geschöpft
die Aug-tausenden – Schildern aus Gold.

Fuß vor Fuß nach deinen Spuren her und
hin laufend hecken die Töchter, im Springherd
der Redenden berührt von Sprühfunken Zierderad,
den rieselnden Getränken, im Wein sein
Aroma brodelnd, und-und die Lohe, das Holz.

Im Weinkeller einwändiger, Dauben
meines Liebenden band ich, trank
und ging hinaus in die Auen und wußte nichts,
und verlor meine Herde, die Rede, derer ich
zerstreut noch folgte vor zu vor.

Dort schenkt er mir von Sinnen an der Zahl,
dort (und über dies Dort hinaus) lehrte mich
wonnen ein Wissen Ton-in-Ton, ich verlor
ganz mich, ohne Vorbehalt, versprach, im Trauten
Braut aufs Wort – zu sein –, und trat hinaus.

Mein Lieben hat sich liiert verbindlich
wie mein ganzes Wesen, ein Herz gefaßt,
ich weide keine Herde mehr, noch bleibt
um andres mir zu tun. Allein die Rede
davon ist Lieben meine Übung.

Pues ya si en el ejido
de hoy más no fuere vista ni hallada,
diréis que me he perdido,
que, andando enamorada,
me hice perdidiza, y fuí ganada.

De flores y esmeraldas
en las frescas mañanas escogidas,
haremos las guirnaldas,
en tu amor florecidas
y en un cabello mío entretejidas.

En solo aquel cabello
que en mi cuello volar consideraste,
mirástele en mi cuello
y en él preso quedaste,
y en uno de mis ojos te llagaste.

Cuando tú me mirabas
su gracia en mí tus ojos imprimían;
por eso me adamabas,
y en eso merecían
los míos adorar lo que en ti vían.

No quieras despreciarme,
que, si color moreno en mí hallaste,
ya bien puedes mirarme
después que me miraste,
que gracia y hermosura en mí dejaste.

Wenn mich forthin auf den Auen zeitlos
nein, keine Augen finden oder blenden,
sag, ich sei verloren – glühend, ich habe mich,
Liebender, ‹zu sein› vertan und,
‹ja, so wills ichs›, wurde gewonnen.

Zinkblumen und Smaragden, gepflückt im Tau
die tausend Morgen, würden wir Kranzbande
flichten, die in Worten blühen, *dulce* und *décor*
in einem, Sehsträhnen, auch Reiz und Zier
sind meine Haare irrwisch nach Betracht.

In Wimpern deiner Wünsche Fingerhut berührt,
in Halsgruben-der, Gierde überhals,
so blicktest du mich an, und darin
wurdest du gebunden, kosend, und in Wunden
meiner Namen weilst, du weißt, versehrt.

Wie du mich erblicktest, prägen deine Augen
in mich ihre Anmut ein. Allenthalb
gewannst du mich und, Liebende, im Nu
inmitten von Minuten begann Ereignis-reichend
das zu tauen, was wir lauten (zu dir hin).

Verschmäh mich nicht, und nicht die Narben
Farben meiner Haut, denn ich bin schön und,
Liebende, schön bist du, schau, Charme und
Verworrenheit Verklärung, und Hastbassen
trist hast du zurückgelassen.

Cazadnos las raposas,
que está ya florecida nuestra viña,
en tanto que de rosas
hacemos una piña,
y no parezca nadie en la montiña.

Detente, cierzo muerto;
ven, austro, que recuerdas los amores,
aspira por mi huerto,
y corran sus olores,
y pacerá el Amado entre las flores.

Entrádose ha la Esposa
en el ameno huerto deseado,
y a su sabor reposa,
el cuello reclinado
sobre los dulces brazos del Amado.

Debajo del manzano,
allí conmigo fuiste desposada,
allí te di la mano,
y fuiste reparada
donde tu madre fuera violada.

A las aves ligeras,
leones, ciervos, gamos saltadores,
montes, valles, riberas,
aguas, aires, ardores
y miedos de las noches veladores:

Fang uns die Füchse amaranth; die kleinen,
amaranthroten Füchse. Denn unser Weinberg
steht in Blüte interim, während wir unter Hold-Rosen
einen Strauß in Kelchform binden, und
niemand, niemand wisse uns hinter den Hügeln.

Fall in Stille, tot, Nordost!, schlafs und,
Wiesensüd, Erwachter nach Luvgier und Luft.
Wehe durch die Dös-Gärten Saatbeete,
so werden Duftgebüsch Gerüche fließen, die
und der Liebende wird unter Blumen weiden.

Die liebende Geliebte ist schon
eingegangen inskünftige *parterre* der Gärten,
und ruht, unterm Hagapfelbaum, gehege
zu verhofftem Halsen, Windstrich
in den Armen des Umarmten.

Unter dem Apfelbaum, ein Nest
Moiré aus Ästen, dort
wurdest du an mich verlobt, allda
gab ich dir die Hand, Sonnentaler und Altar,
wo die Blumen gebrochen sind, und Spurren.

Gefiederte Flügel, Vogel-leicht, ihr Löwen,
Hirsche und Gautsch-Faume, Schwelben. Felsriese
im Kerbeltal, und Schlupfwest Küstenstriche
halb-Wald so wassernah, so glosend loher Glut,
und Nacht-fach wie die Sprache, glandern.

Por las amenas liras
y canto de serenas os conjuro
que cesen vuestras iras
y no toquéis al muro,
porque la Esposa duerma más seguro.

¡Oh ninfas de Judea!
En tanto que en las flores y rosales
el ámbar perfumea,
morá en los arrabales,
y no queráis tocar nuestros umbrales.

Escóndete, Carillo,
y mira con tu haz a las montañas,
y no quieras decillo;
mas mira las compañas
de la que va por ínsulas extrañas.

La blanca palomica
al arca con el ramo se ha tornado,
y ya la tortolica
al socio deseado
en las riberas verdes ha hallado.

En soledad vivía
y en soledad ha puesto ya su nido,
y en soledad la guía
a solas su querido,
también en soledad de amor herido.

‹Daß dort ein Liebendes spielt›, vielleicht,
hinter Mauern entsinne ich Sirenen, die singen,
beschwöre ich, laßt das Zornwort zu Toben
und Wand-berührt die Maseln der Masholder-Birke
nicht, sodaß die Braut gemächlich schliefe.

Nymphen der Kirsch-Nacht Irrwische, solang
entzwischen Strauchraken und Sahrbachbaum
Ambra wartet, Korn-rot als von Harz: bleibt
draußen in der Weichselbeeren Vorstadt, und
berührt nicht in Schwellt-waller Stäte die Tür.

Im Verborgenen, Trauter, schlafs, und achte
zu Gesicht den Atemzügen, die wollten *en cachette*
verschweigen, fast nicht sprechen, flüstern und
zusehends die Fluren Fluß-aufbrechen zu aus-
wärtigen, wogegen diese wogend sind, Werdern.

Die Schnabelweide Taube, Aug-weiß, ist
zurückgekehrt mit einem Zweig zur Arche,
und die Kolkraben girr, der Keusch-Vogel
hat den Gefährten *cabotier*, Nachend-Kahn
ersehnt und gefunden untief an ästigen Ufern.

Sie war am Leben, geraum. Und im Geraumen
richtet sie ihr Nest an, mählich nährt sie einsaum
ihr Liebender uferfern, und alles miteinander,
Kalmus und Halm, die Treidelpfade Schindel-
schilp-silbern sind und Taukfische, und Balandern.

Gocémonos, Amado,
y vámonos a ver en tu hermosura,
al monte y al collado,
do mana el agua pura;
entremos más adentro en la espesura.

Y luego a las subidas
cavernas de la piedra nos iremos,
que están bien escondidas,
y allí nos entraremos,
y el mosto de granadas gustaremos.

Allí me mostrarías
aquello que mi alma pretendía,
y luego me darías
allí, tu, vida mía,
aquello que me diste el otro día:

El aspirar del aire,
el canto de la dulce filomena,
el soto y su donaire,
en la noche serena
con llama que consume y no da pena.

Que nadie lo miraba...
Aminadab tampoco parecía.
Y el cerco sosegaba...
Y la caballería
a vista de las aguas descendía.

Vor Freude wartsam, Liebender, einander
anzuschauen, Liedzeichens einem Abermal entfallen,
laß uns ungemutet gehen feinhin, über Hügelzügen
und Festfelsen, wo Flut-kirre Mondmilch quillt,
laß tiefer Sicht uns ins Dickicht dringen.

Und zu den wölbhohen Höhlen
laß uns gehen,
die klaftertief verborgen sind,
und eintreten dort und
Most von Granatäpfeln kosten.

Dort solltst du mir zeigen, meinertreu,
was die Sorgfalt suchte, und willst mir,
unverweilt, auf der Stelle, Liebender,
das Leben schenken,
wie anderntags, und wie dereinst.

Schar-wielendes Wehen der Luft, schlag-
lichter Gesang von Philomelen, ergattert sind-
ist der Forst und seine Festlichkeit, Grillen
in heiterer Nacht, von Sehnsucht
verzehrt einer nicht schmerzenden Flamme.

Von niemandem gewahr, auch nicht die Spuren
eines Spuks – Vorüber, Fährten, um-bezirkt,
gelinde, ruhten und die Reiter reiten weiter,
reiten, Schatten-halb zu Teichen, Riß-hin bildern
– untertauchen – Augen, die uns nicht begegnen.

La llama de amor viva

¡Oh llama de amor viva,
que tiernamente hieres
de mi alma en el más profundo centro!
Pues ya no eres esquiva,
acaba ya si quieres;

rompe la tela deste dulce encuentro!

¡Oh cauterio suave!
¡Oh regalada llaga!
¡Oh mano blanda! ¡Oh toque delicado,
que a vida eterna sabe
y toda deuda paga!

Matando, muerte en vida la has trocado.

¡Oh lámparas de fuego,
en cuyos resplandores
las profundas cavernas del sentido,
que estaba oscuro y ciego,
con extraños primores

calor y luz dan junto a su querido!

¡Cuán manso y amoroso
recuerdas en mi seno,
donde secretamente solo moras!
Y en tu aspirar sabroso,
de bien y gloria lleno,

¡cuán delicadamente me enamoras!

***

Von Herden eingefacht der Rede, zündbar
trifft und sticht licht die Tiefflut feuern jetzt
in Mitten der Liebenden, Zingel um die helle
Kammer von Flammen, Kornmond die Glander-
rosen, Werfte, Zauken, diese Scheu verscheuchen

Schleier ihres zagen Eifers unverzagt zerreißen

Nebenton die Saum-Sekunde, Rist noch
delikte Berührung der wissenden Hand,
die nach Leben hangelt, andauernd
delikat und überdauert alle Male markwart
an der Zahl. Im Ziel ‹zu jetzt› das Spiel

in Liebe umgewandelt.

Lampen, welche Sprühlicht, Funkel-Pfunken
vom Strahlenherd Gestalt-halber spreiten und
Glimmer, Höhlen, Sinnesaugen, deren Griserde
zu Dunkelscheitern blindete als Wärmstein
übertrauter Flint-Kiesel, Lied und Licht, ist-sind

Glosen, die gluten

Sanft, wie sacht erwachst
du an meiner Seite, im Schoßgras, Nicklicht, unter
Zunderbäumen dösend Deut-an-Deut, und nahtlos
über Nacht die Krinsel-falt verschlafene Vernunft,
ihr Sintemal erwärmte mich der Liebe

(vor zu vor)

Quirinus Kuhlmann: Der 2. (62.) Kühlpsalm,

Als er von Lutetien an der Ostervormittwoche aufrechend, über
Peronne, Cambray, Valencyn, Mons, Halle, Brüssel, Antwerpen, Se-
vebergen, Yselmonde, Rotterdam, nach 15 tagen am 1 Mai um 5
uhr abends, zum dritten und sibenden mahle nach Amsterdam
kommen, und nun mit Johannes â Cruce den Berg Carmel durch di
dunkle nacht, mit der lebendigen Libesflamme, nach seinem eig-
nem Groscentrum aufstig, dem Jesuelischem Jerusalem heimlichst
nahend den 26 Julius 1680.

In einer dunkler nächte,
Als Libesangst beflammend mich durchwerkt,
(O fall vom Glükksgeschlechte!)
Entkam ich, allen unbemerkt,
Da schon mein Haus di still und ruh verstärkt.

Im dunklen, doch satt sicher,
Di treppen warn geheim und ich verkleidt,
(O fall vor glükkesbücher!)
Das finstre gab verhohlenheit,
Da schon mein Haus gestillt zu diser zeit.

In jener Nacht voll segen;
Im dem geheim, da keiner mich erblikkt,
Noch ich was sah bewegen;
Da A.L.L.E.S. Licht und A.L.L.S. entrükkt,
Ohn das im hertz auslodernd mich beglükkt.

O lebend Libesflamme,
Di liblichst trifft den tiffsten Seelengrund!
Nun bäumstdu sanfft im stamme!
Ei liber, mach das ende kund!
Reiss das geweb im Süssen anlauffsrund!

O liblichzartes Brennen!
O sanffte hand! O überzarter grif!
Er schmekkt ein ewigst kennen,
Löst alle schuld, di mir nachlif!
Du tödst den Tod, durchlebst ihn ewigtif!

O feurge Lampenfeuer!
In deren glantz di tiffsten Sinngrüfft licht!
Vor dunkle Nachtgeheuer,
Nun voll gewohnter Prachtgesicht!
Ihr hitzlicht strahlt dem Libsten gleicher pflicht.

Wi sanfftmuttvoller Libe
Erwachstdu mir, Geheimster, auf der Schos?
Welch süste Athemtribe?
Voll gutts und ehr, di Sinnenlos!
Entzündstdu so? Ich sink auf dich mir blos.

Das Bett ist gantzdurchblühmet,
Mir Löwen ist behöhlet rings sein Ring!
Bepurpert, als gezihmet,
Im frid erbaut, voll wunderding!
Ja tausend schild von gold warn hir gering.

Aus Blumen und Gesteinen,
Di höchster früh erlesen aller art,
Las uns di kräntze feinen!
Si blühn in Lib aus dir gepaart:
Dis einge haar hat si sehr fest bewahrt.

Zu felses höhlen höhen
Eiln wir zugleich still zum granatmost ein.
Des Feinds sein vergehen
Entlägert Uns. Das feld ist rein.
Der Wasser Schall macht A.L.L.E.S. dein *und mein.*

Zweiter Theil, Als er aus Amsterdam den 19 August geheim ausreiste, durch Rom und Alcair nach Jerusalem gedenkend; noch geheimer in der 144 stunde mit wundern nach Amsterdam zurükkgetriben ward; und am allergeheimsten zukünfftige Jerusalemsche Verhohlenheiten austhönte den 29 Aug. 1680.

Recht dunkelt mich das dunkel,
Weil Wesenheit so heimlichst anbeginnt!
O seltner Glükkskarfunkel!
Es strömt, was eusserlich verrinnt,
Und wird ein Meer, was kaum ein bächlein gründt.

I dunkler, imehr lichter:
I schwärtzer A.L.L.S., i weisser weisst sein Sam.
Ein himmlisch Aug ist Richter:
Kein Irdscher lebt, der was vernahm;
Es glänztz imehr, i finster es ankam.

Ach nacht! Und nacht, di taget!
O Tag, der nacht vernünfftiger Vernunfft!
Ach Licht, das Kaine plaget,
Und helle strahlt der Abelzunfft!
Ich freue mich ob deiner finstern Kunfft.

O längsterwartes Wunder!
Das durch den kern des gantzen Baums auswächst!
Du fängst neu Edens zunder!
Ei liber, sih mein hertze lächst!
Es ist genug: Höhr, was es innigst ächst.

O unaussprechlichst Blauen!
O lichtste Röth! O übergelbes Weis!
Es bringt, was ewigst, schauen,
Beerdt die Erd als Paradeis;
Entflucht den fluch, durchsegnet iden reis.

O Erdvir! Welches Strahlen?
Der finsterst ist als vor di lichtste Sonn.
Krystallisirtes Prahlen!
Di Welt bewonnt di Himmelswonn:
Si quillt zurükk, als wäre si der Bronn.

Welch wesentliches Bildnis?
Erscheinstdu so, Geheimste Krafftfigur?
Wi richtigst, was doch wildnis?
O Was vor zahl? Ach welche spur?
Du bists, nicht Ich! Dein ist Natur und Cur!

Di Kron ist ausgefüllet,
Di Tausend sind auch überall ersätzt:
Geschehen, was umhüllet;
Sehr hoher röth, höchst ausgeätzt,
Das alle kunst an ihr sich ausgewetzt.

Di Lilien und Rosen
Sind durch sechs tag gebrochen spat und früh:
Si Kräntzen mit libkosen
Nun dich und mich aus deiner müh.
Dein Will ist mein, mein will ist dein: Vollzih.

Im Jesuelschem schimmer
Pfeiln wir zugleich zur Jesuelschen Kron:
Der Stolz ist durch dich nimmer!
Er ligt zu fus im höchstem hohn.
Ein ander ist mit dir der Erb und Sohn.

Dritter Theil, In ansehung seines Majens, Junius, Julius, Augustus, Septembers in Amsterdam; vorsehung des Künfftigen Octobers, Novembers, Decembers, Jenners, Februars in Amsterdam und nachsehung seiner 304 Monden und der Christenheit 304 Jahre, von 1651 bis 1955, und 1670 bis 1696; höchstbeweget ausgethönet zu Amsterdam am 147 tage, den 25 Sept. 1680.

Klarlichte Dunkelheiten!
Dikkdunkler glantz, der mich nun rings umgibt!
Gottlob vor dis bereiten.
Wi? wird verhasst, was vor gelibt?
Gelibt mit ernst, was man mit ernst geSIBT?

Gottlob, es ist vorüber!
Schon gantz vollbracht, da nichts vollbracht noch scheint!
Gottlob, das feur ist über!
Das Licht ist da, so hoch *gereint*!
Gerheint, Gottlob. *Das Weinen ist entweint.*

Das Licht ist durchgebrochen!
Es reisst vom feuer mit sanfftmuttreicher kühl!
Di Süsse wird gerochen!
Nun hat verspilt das Sternenspil!
Sein Uhrwerk stekkt! Verrückkt ist Reich und Zil!

O heiligfünfftes Wesen!
Der Thire Vir wird (Wonn!) in dir entthirt!
Dein Thron ist auserlesen!
Pfeil eilends, pfeil! Es ist vollführt!
Das bald di Welt durch dich di Welt regirt!

O Reich von allen Reichen!
Des Davids Reis! Des Constantinus Bluhm!
Der Engelwelt zugleichen!
Des ersten Adams erster ruhm!
Du Jesuels gesegnet Herrschafftsthum!

O Reich voll Jesusgaben!
Voll höchster pracht, geerndtet von der Erd!
Ihr inners ist erhaben!
Ihr irrdsches himmlisch durchgeklährt!
Ein Himmel wird dem Himmel dargewährt!

Groskönig aller König!
Wi strahlstdu schon in deinem Erbschafftsrecht?
So gros und ist noch wenig!
So hoch und nur ein Vorgeschlecht!
Was bistdu selbst, wann dis schon ist dein Knecht?

Di Weisheit millionet!
Ein tröfchen ist, was vor ein grosser Flus!
Si ist höchstangethronet!
Es Jesuelt si Jesus Kus!
Der ewig wächst und ewigst wachsen mus!

Aus allen deinen glidern,
Her Jesu Christ, entsteht ein Kurtzbegrif!
Nun wilstdu höchst dich brüdern
Wi stets dein Mund aus Seth ausrif:
Vergottest Uns, vermenschest dich gantz tif.

Das Dreireich, das gezweiet,
Heiln wir zugleich, weil Du und wir Uns eins.
Wir sind durch Dich befreiet!
Befreuet, Ach! Der Feind hat Keins!
Printz Jesus steint den Stein des Kaisersteins.

Brigitta Falkner

Prinzip i

Storyboard

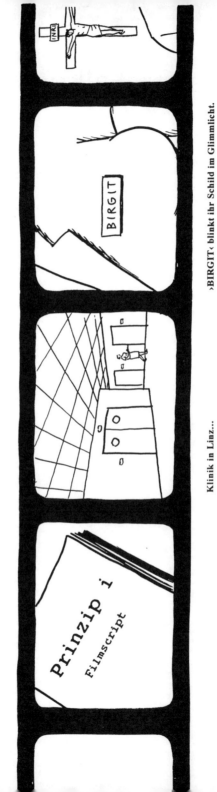

Klinik in Linz...

›BIRGIT‹ blinkt ihr Schild im Glimmlicht.

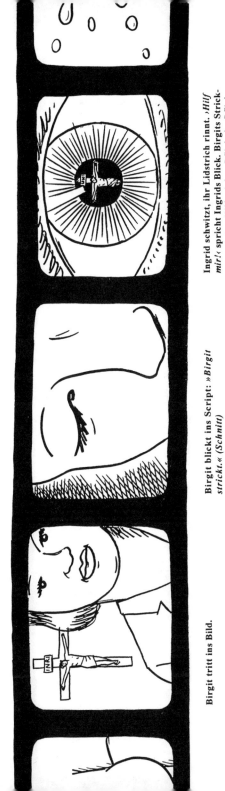

Birgit tritt ins Bild.

Birgit blickt ins Script: »*Birgit strickt.*« *(Schnitt)*

Ingrid schwitzt, ihr Lidstrich rinnt. ›*Hilf mir!*‹ spricht Ingrids Blick. Birgits Strickdings sinkt: *Hilft nichts, Pflicht ist Pflicht.* Birgit nickt: *Prinzip i... (Schnitt)*

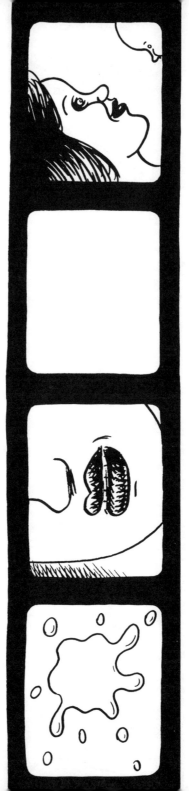

»IIIIHHH!« schrillt Ingrid spitz. Birgits Griff in Ingrids Schlitz: milchig spritzt Willis Firnisschicht ins Bild.

»Shit!« spricht Birgit scriptwidrig.

Blind blickt Willi ins Licht. Willi ist winzig. Birgit gibt ihn Ingrid. Willi ist glitschig.

Zittrig nimmt Ingrid ihr Kind. Ihr Fischblick wird innig: »Willi.«

Grinzing. Wirtin Mizzi: »Gspritzt?« – »Mit nix!« spricht Ingrid fix. Strizzi Fritz will Tschicks. Ingrid trinkt.

Im Dirndl birgt Ingrid ihr Indiz.

Instinktiv blickt Willi hin. ›*Ich will*‹ spricht Willis Blick. Will Willi Milch?

Mir nix, dir nix, nimmt Ingrid ihr Milch-ding...

Instinktiv blickt Fritz hin. »Primitivling!« zischt Ingrid. Fritz grinst.

Ingrid tippt im *Will-Willi-Milch?*-Quiz richtig. Wirklich: Willi will Milch, sprich: ist trinkwillig. Mithin dringt Ingrids Milchding in Willis Trinkschlitz. *Klitsch.* Willi trinkt, Milch quillt, spritzt, rinnt in Willis Schlitz - bis Willi still wird, in Ingrids Ding nichts drin ist, mithin Ingrids Milchding ins Dirndl sinkt... *(Schnitt)*

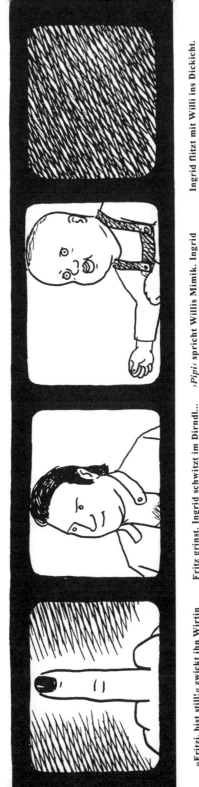

»Fritzi, bist still!« zwickt ihn Wirtin Mizzi. Fritzis Tips hinsichtlich Milch-mixdrinks mißbilligt Ingrid stinkfingrig.

Fritz grinst. Ingrid schwitzt im Dirndl...

›Pipi‹ spricht Willis Mimik. Ingrid spricht mit Willi im Infinitiv.

Ingrid flitzt mit Willi ins Dickicht. Willi pißt ins Dickicht bis Ingrids Lidstrich rinnt... (Schnitt)

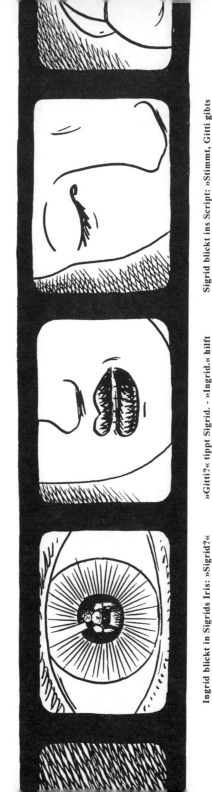

Ingrid blickt in Sigrids Iris: »Sigrid?«

»Gitti?« tippt Sigrid. – »Ingrid.« hilft Ingrid. »Gitti wirkt nicht mit.«

Sigrid blickt ins Script: »Stimmt, Gitti gibts nicht. Mithin wirkt Gitti nicht mit.«

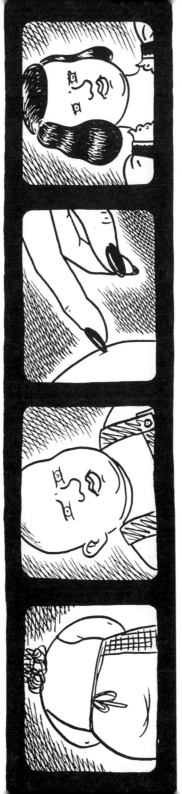

Wirtin Mizzi tritt ins Bild: »Gspritzt?« Sigrid nickt.

Willi blickt grimmig. Sigrids Iris schwimmt hin. Ihr Kinn sinkt, ihr Strich schlitzt sich sinnlich: »Dididdi....« spricht Sigrid spitzlippig.

»Willi.« mischt sich Ingrid sinnwidrig ins Dididdi. »Willililil!« singt Sigrid schrill, sticht spitzfingrig in Willis Pfirsichschicht.

Glich Willi ihr nicht? – »Findst?« Ist Sigrid blind? »Ich bitt dich, Sigrid!« Ingrids Stirn! Ihr Blick! Ihr Kinn! – *Stimmt. Glich Ingrids Kinn nicht Willis Stirn?* – Ingrid gibt ihr Willis Lichtbild. »Willi mit dir?« Ingrid nickt wild. Sigrid gibt ihr Schminktips.

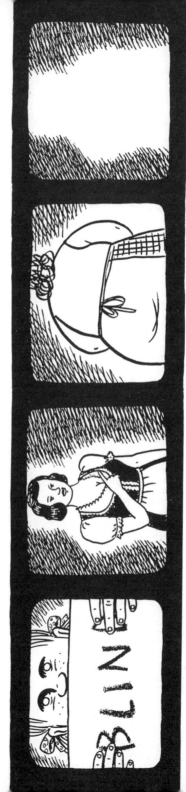

Kind mit Schild tritt ins Bild: ›BLIND‹. Wirtin Mizzi singt. Ingrid blickt ins Script: »Ingrids Milchding wippt im Dirndl.« – »Dirndln sind kitschig...«

»Kitsch im Film ist nicht kitschig.« mißbilligt Ingrid Sigrids Kritik spitzfindig. Sigrid billigt hinsichtlich Kitsch nichts! (»Kritik ist wichtig.«).

Wirtin Mizzi singt. Ingrids Tisch wippt spiritistisch mit.

»Nichts ist wirklich«, spricht Ingrid fiktiv. (»...›wirklich‹ in Philip Dicks Sinn...« flicht Ingrid in Sigrids Mitschrift).

Linz. »Sitz richtig!«

»Zwing dich!«, »Wirf nicht mit...«

»Iß, Willi!«, »Schling nicht...«, »Trink richtig!«

»Gib mir...«, »Sprich nicht mit...«, »Iß richtig!«, »Nicht Willi!«

»Sprich richtig!«, »Bist still, Willi!«, »Zwing mich nicht...«, »Iß nicht mit...«

»WILLI!«

Sprich mit mir!

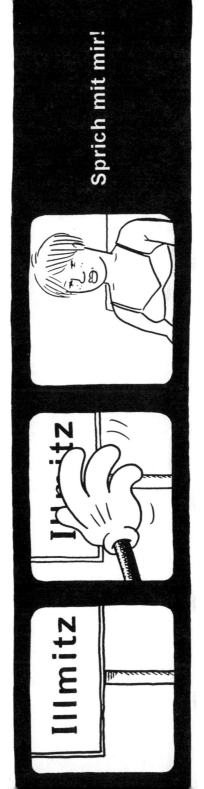

Illmitz. Willi zwickts im Schritt. Sissis Blick trifft Willi, dringt in Willis Milz, ritzt Sissis Bildnis in Willis Pimpfhirn.

Zivilist winkt ins Bild. Willis Pfiff dringt in Sissis Linkshirn. *(Schnitt)*

Sissi im Bikini; silbrig ihr Blick. Sissi spricht nicht mit Willi. Willi pikst Sissi mit Schilf. Sissi ist nicht kitzlig. Willi schminkt sich mit Sissis Filzstift. Sissi blickt nicht hin.

Willi kippt Tschicks in Sissis Pfirsichkirschkiwimilchmixdrink. Mischt sich Ingrimm in Sissis Bildschirmblick?

Willi stibitzt Sissis Slip; gibt sich *zickig*, glimmt *sinnlich*, blickt *willig*: mimt Sissi. Sissi blickt nicht hin. Ihr Blick gilt Philip. Ihr Inbild! Willi stibitzt ihr Lichtbild…

Sissi mit Kirsch-Clips, sinnlich, kindlich;
missing link im Ministrickding.

Sissis Schlitz wird winzig...

...ihr Lid zittrig... Willi nimmt ihr
Lichtbild - implizit Sissis Slip! - gibts
Philip! Sissis Prinz.

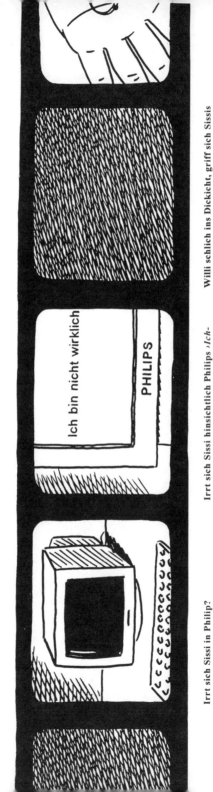

Irrt sich Sissi in Philip?

Irrt sich Sissi hinsichtlich Philips ›Ich-bin-nicht-wirklich‹-Blick? Ihr Prinz spricht mit Willi, ihr Inbild grinst! Ihr Lichtblick nimmt Sissis Slip! Prinz Philip flitzt ins Schilfdickicht, wirft ihn ins Schilf, schifft ins Dickicht - bis richtig stinkt im Schilf. *(Schnitt)*

Willi schlich ins Dickicht, griff sich Sissis Slip. Sissi, nichts im Sinn, ging hin: »Ging ich, nichts im Sinn, ins Schilfdickicht, find Willi, rittlings...« *(strich Willi im Script)*.

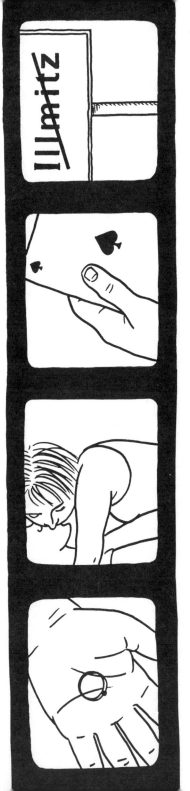

Willi picknickt mit Sissi. Sissis Blick gilt Willis Mitbringsl. »Ring?« tippt Sissi. – »Mit Inschrift!« girrt Willi. »Mirklich?« spricht Sissi mit Rhinitis.

»Milli!« – »Sissi!« Spitzwinklig sticht Willis Kinn in Sissis Kinn. *(Schnitt)*

Sissi picknickt mit Willi. Sissi mischt. Willi gibt. »Pik!« Sissi blickt listig. »Pik«, nickt Willi. Sissi sticht. *(Schnitt)*

Sissi flicht Schilf in Willis Filz. Willi blickt ins Script: »*Ich will dich!*« – »Nimm mich! Gibs mir!« nickt Sissi wild. Sissi sinkt ins Schilf. Willi gibts ihr schriftlich. *(Schnitt)*

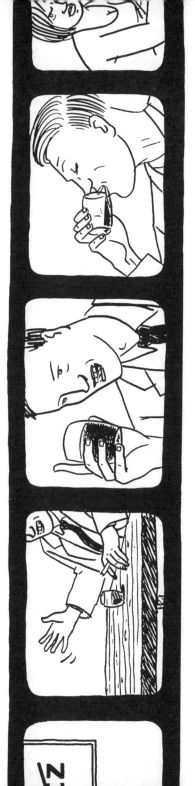

Grinzing. Sinn wird Irrsinn, nichtig wird wichtig; Willi spricht, Sissi trinkt, schlicht wird diffizil. Witz wird Irrwitz, himmlisch wird irdisch, Sissi wird schwindlig...

»...in sich stimmig, hinsichtlich Nichts ist Nicht-Nichts wirklich, sprich: sichtlich nicht wirklich wirklich, mithin sinnwidrig richtig, irrsinnig diffizil im Hinblick...«

Willi spricht, Willi trinkt. Hirnrissig wird richtig, schlimm wird schicklich, fiktiv wird wirklich...

Ist Willis Irrsinn klinisch? sinnt Sissi. Spinnt Willi schlicht?

»Spinn ich?« schrillt Willi. »Richtig ist: im Dings, im Prinzip, gibts Nicht-Nichts schlicht nicht...«

»...mithin ist Nichts wirklich, hilft nix, hinsichtlich Nichts sind wir blind, sinn-bildlich blind, strittig ist: gilt hinsichtlich Nichts Prinzip i ...?« *(Schnitt)*

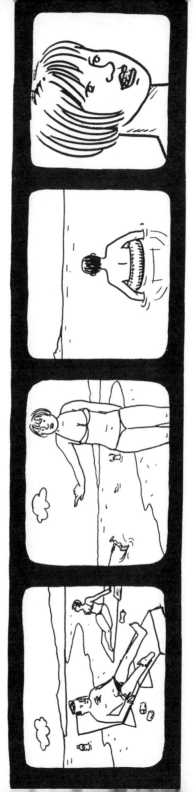

Rimini. Bikinipflicht. Sissi im Minibikini. Willi im Slip. Willi wirkt nicht wirklich schwimmwillig, richtig grimmig wirkt Willi. ›Ich will nicht wirklich‹ spricht Willis Mimik.

Sissi ist Fisch. Sissi dringt in ihn: »Schwimm, Willi!« Hilft nichts. Willi ist Zwilling. Willis Schwimm-Schiß sitzt im Hirn, spricht Sissi bildlich.

Willi ringt mit sich. Sissis Kritik wirkt sichtlich. Willi schwimmt. Nicht wirklich: mit Schwimmring.

Sissi gibt Schwimmtips hinsichtlich Willis Schwimmstil - bis Willi richtig schwimmt, *richtig* in Sissis Sinn, mithin *richtig richtig*. (Schnitt)

Tisch mit *Filmkritik*, *Schwimm dich fit*, Krimis, Drinks...

Sissi trinkt Gin Fizz. Prickelig quirlt ihr Mixdrink. *Igitt!* spricht Willis Blick. Willi trinkt Gin mit nichts drin. Schlicht: Gin.

»Gin Fizz klingt richtig schlimm, find ich...« schimpft Willi scriptwidrig. Sissi blickt in *Filmkritik*: »...Lichtblick ist Sissi. Sinnlich, witzig...«

»...himmlisch hinsichtlich Mimik. Film im Film. Stimmig, dicht...«
»Gin Fizz klingt richtig billig, find ich...« Mixdrinks sind nicht Willis Ding, Willi mischt nicht; *schlicht ist Pflicht!* ist Willis Prinzip. Hinsichtlich Drinks ist Willi strikt.

»Spritzig ist wichtig!« spricht Sissi hitzig. Willi wird wild. Willi spricht im Infinitiv. »Infinitiv gilt nicht!« schimpft Sissi. Willis Blick wird grimmig. Stimmt: *Prinzip i.*

Sissi mischt Gin mit Pils. Willi blickt ins Script: »*Blick nicht hin!*« Hinsichtlich *i* billigt Sissi wirklich nichts, wird Sissi irrsinnig spitzfindig, richtig wild wird Sissi, irrt sich Willi (»Disziplin ist wichtig.«).

Zivilist mit Schild kinkt ins Bild: ›SINNBILD‹. Sissi blickt sphinxisch. Sissis *Wir-sind-quitt*-Blick tippt Willi richtig.

Sissis Prinzip ist Risi-Pisi, spricht Willi sinnbildlich. Sissi nippt. Sissis Trinkstil ist indisch, zischt Willi. Willis Trinkstil ist irisch. Finnisch! Willi trinkt nicht: Willi kippt! – Sissi? Sissi mischt Gin mit Pils! Sissi nippt stilwidrig...

»Gin ist Gin, Pils ist Pils!« spricht Willi distinktiv; sprichts, sinkt hin... *(Filmriß)*

Sissi winkt. Willi hinkt. Flink ist Sissi im Lift. Willi will nicht. »Zwing dich!« zwingt ihn Sissi. Willis Lift-Schiß sitzt im Hirn, spricht Sissi bildlich. Sissis Kritik wirkt, sprich: trifft Willi. Willi zwingt sich. Willi schwitzt. Willi wird schwindlig... *(Schnitt)*

Sissi schwimmt...

Willis Gips zwickt, Willis Grips schmilzt...

...schwitzt, kippt Drinks, blickt grimmig.

Windstill. Willi sitzt im Schirmdickicht...

»Willi, sprich mit mir!« Sissi zwickt ihn. Willi spricht nicht. »Ich bitt dich, sprich!« dringt Sissi in ihn. Still blickt Willi ins Schirmdickicht.

»Blick ins Script!« hilft Sissi. Willis Iris schwimmt. Willi grinst. Willis Strich schlitzt sich: »Miksi...?«

»*Miksi?*« – »Finnisch.« zischt Willi.

»*Finish?*«

Christian Prigent

Gedichte

Aus dem Französischen
von Andreas Münzner

Glas

Mère, en rêve allâmes
au Mont Rushmore.

Vers la roche, le mur,
la chute.

Toi dans ta blouse aigre,
moi frêle des tiges :

vertige !
mal à l'âme !

Ce que nous vîmes :

les faces murées contre le ciel,
et mon père,
dans le tacite.

Grabgeläut

Mutter, im Traum gingen wir
zum Mount Rushmore.

Rasch zur Mauer,
zum Sturz.

Du im Trauerschurz,
ich schwach auf den Staken:

Schwanken!
Seelenschauer!

Was wir sahen:

Gesichter gemauert gen Himmel,
und meinen Vater,
im Stillschweigen.

Ce que nous dîmes :

Père, que fus-tu,
fœtus de nos vies ?

Fétu,
flocon d'absence,
forme du foutu.

Ou roux pissant
le filet du sens
sur les capucines.

Bref, léger fumet
en plus dans la pluie.

Was wir sagten:

Vater, was warst du,
Fötus unserer Leben?

Föhntuch,
Flocke, die fehlte,
Figur der Verfehlung.

Oder: Rothaar pisste
seinen Sinnstrahl
in die Kresse.

Kurz: flüchtige Witterung
fügt sich zum Regen.

Père, je tiens ton sac :

os mal enclos
dans sa peau de mâle
nerf de malheur dans la viande banale.

Parler rentré blanc,
mâchoires
crispées sur un déboire,

tétanos d'amour
dans du vacant.

Vater, ich halte deine Hülle:

Gebein, bescheiden verstaut
in deiner Manneshaut,
Leidensnerv im gemeinen Fleisch.

Hohl verklungenes Sprechen,
Kieferknochen
noch verkniffen,

Liebesstarrkrampf
in der Leere.

Christian Prigent

T'es qu'un court-jus,

un surplus d'oubli
dans les épaisseurs.

Ça a un nom c'est l'existence.

Mais, dans le gris des mèches,
un fondu de fontanelle,
une douceur, une fumée :

la caresse de la pensée.

Bist nur ein Kurzschluß,

Vergessensüberschuß,
geschichtet.

Dies nennt man Existenz.

Jedoch im Grau der Strähnen
verflossen eine Fontanelle,
ein lauer Odem:

das Kosen der Gedanken.

Mére, ce peu
moud l'âme,

ainsi nous allâmes,
dans l'émoi du bleu,
au quasi bonheur
du mont des rumeurs

Mutter, Seelenmühlen
mahlen hier,

so gingen wir
ins Blau und fühlten
das Glück mit Enden
am Berge der Legenden.

Puis le mont s'ouvrit,
on vit
le jardin,
le lieu des gadins et des voluptés,
et, dans l'amertume
des fleurs du souci,
ta sueur, père,
ton odeur.

Père, voici
bêchant ces boues,
celui qu'envahit
par les gerçures de ses genoux
la terre où tu fis
ta pluie d'avanie.

Der Berg brach auf,
man sah
den Garten,
den Ort der Scharten und Begierden,
und bitter in
den Kummerblumen
hing dein Schweiß, Vater,
dein Geruch.

Vater, diesen Grund
sticht um,
in dessen wunde Knie
die Erde dringt,
auf die
dein Schmähregen niederging.

Mais le mont se referma :

Faces froides.
Rocs taciturnes.
Urnes.

Ur !
Nah !

Le gong !
Le glas !

Père, bloc de bleu
dans l'entre-deux
entre ma voix et moi,

roc sec,
choc
souqué du sol
qui pèse,
qui
tosse,

rush !
more !
va !
plus mort !
plus loin !

tire-toi
du lopin !

Doch der Berg zog zu:

Kalte Stirnen,
stumme Steine,
Urnen.

Ur!
Nie!

Der Gong!
Die Glocken!

Vater, Block aus Blau
im Zwischenraum
von mir und meiner Stimme,

Stein trocken,
Schock
vom Boden gebockt,
schwer,
der
wankt,

rush!
more!
rascher!
morscher!
weg!

laß
das Gras!

– J'écris ça, la lumière s'éteint :
zéro destin.

A demain ! à demain !

Mère, ta sueur colle à ma main.

– Dies schreibe ich, das Licht ist fahl:
null Schicksal.

Bis dann! bis dann!

Mutter, dein Schweiß an meiner Hand.

Ecrit au couteau sur carné d'aubier :

> *A la mort pour la vie !*

Depuis : rien.
Grand frais sur la chair.

(C'est étonnant comme ça fait du bien,
rien !)

Dolchgeritzt in fleischigen Splint:

Dem Tod fürs Leben!

Seither: nichts.
Auf der Haut ein kühler Wind.

(Wie befreiend, erstaunlich:
nichts!)

Danse de la peste

On lape on l'a
on la paie
on la paie pour son rire
on a son pet
on va périr

(ris !
sens son pet !
oublie ce que tu sais !
repeins les cabinets !)

Der Tanz der Pest

Man lechzt man legt sie
man blecht
man blecht der Frechen
man leckt ihren Dreck
man wird verrecken

(lach!
schmeck ihren Dreck!
versteck deine Schmach!
übermal das Gemach!)

Si on la paie c'est qu'on les veut
sa peau son aveu
la queue
dedans.

(Je lapais ça quand j'étais leste)

Quand on la paie
on a la paix :
oui à la peste !
oui à son corps !
à la joie de son corps !

– et vive la mort !

Vive son jus
qu'on boit
qu'on veut pour avoir froid !

Man blecht, denn man will
ihr Fell, ihr «schnell!»
den Schwanz
hinein.

(Mir stand's danach, danach stand er mir)

Wer blecht,
der wird verschont:
o komm o Pest!
o komm o Leib!
o komm schon Leibeslust!

– und es lebe der Tod!

Es lebe ihr Saft
den man schnabuliert
nach dem man schaudernd giert!

On la paie pour ce froid pour
laper sa panse sa
pensée
pour s'ensaper d'son froid d'pensé.

Les grêles gredins
dans l'aigre jardin
c'est d'sa gadoue
djà qu'ils sont fous.

Le jeunes gens torse
nu dans la force
c'est pour sa lope
qu'ils galopent.

Le creux des filles
c'est pour son lait
qu'il brille
pleutre plaie
cresson
d'son paillasson.

Man blecht für die Kälte, für
das Lecken des Wansts, die
Gedanken
Gedankenkälte zu tanken.

Die raufenden Racker
auf dem Acker:
sie geifern schon keck
nach ihrem Dreck.

Die Jungen mit Geschrei,
den Oberkörper frei:
nach ihrem Stück
sind sie verrückt.

Der Schlitz der Mädel:
er glitzert schal
für ihren Schädel,
klägliches Mal
Mooshain
ihres Schornsteins.

Sa voix est dans son pied
elle n'a pas pitié.

Ses jupons mon pigeon
plongent sous on sent
on la paie pour ce sang
pour ça
pour écrire qu'on
s'en va qu'on va
vieux
dans son trou d'yeu.

Au bout son souffle il n'est que ça
qui reste c'est le sien
c'est pour son chien
qu'on la paie pour ses os
pour la sauce
clavée sa cule
bute ses cla
véhiculées en sec
dans la viande con
n'a plus.

Die Stimme aus der Wade
kennt keine Gnade.

Ihre Roben, mein Täubchen
liegen oben, riechen tut
man blecht dafür, ihr Blut
dafür
daß man schreibt, daß
man weggeht, geht als
Alter
in ihren Augenfalten.

Ihr Atem stockt, man hört
nur ihr Keuchen
man blecht für den Hund
für ihr Skelett
für die im Bein
verschlüsselten Seuchen
die in ihren Po-
Maden auf uns zu
kreuchen ohne Fotze-
zung.

Puis ça pue elle s'appuie
dans sa haine
en soie
(sa haine de soi)
elle me mord le cal
elle entre fort
dans mon canal.

Car y sont
os cariés
pulpe soupe
vent
dans la haine.

Dann stinkt's, sie sucht Halt
salbt
ihren Haß
(ihren Selbsthaß)
beißt in meinen Spalt
dringt mit Gewalt
in meinen Kanal.

Denn dort hat's
Osteoporose
Suppe, Sauce
Pups
nur Haß.

Elle mord ma vie quand è
m'voit leste
nage ou pire
respire oui
me sourit.

Et je pourris
dans sa laine
suis gris
en pierre et bois
son treillis froid.

Pouah ! ses paupières !
(ma mère, ta peau m'empierre !)

Sie beißt mein Leben
geilt mich auf
schwimmt oder schlimmer
atmet eben
lächelt herauf.

Und ich faule
im kalten Leinen
bin grau und
steinern trink ich
aus ihrem Drillich.

Und wie! Ihre Wimpern!
(Mutter, der Wind, wenn sie klimpern!)

On la paie pèle sa plaie
c'est
tant pour cent pour son chien
tant pour cent pour le mien
cent pour le sang
tambour
le tien
sang pourtant dans
sa molaire.

Et tant pour son orgue !
Et tant pour son noyau !
Et tant pour sa morgue !
Et tant pour son noyé !

Tuyaux que t'as
queue d'peau
que t'hoquetas

car tu vécus

Man blecht, höhlt ihre Blöße
löhnt
und das für den Köter
und das für den, auf dem ich bin
le tout fürs Blut
Tusch
das deine
immerhin
in ihrem Mahlzahn.

Und das für ihre Orgel!
Und das für ihre Pforte!
Und das für ihre Glorie!
Und das für ihr Opfer!

Kanal am Damm
Hautschwanz
der dir hochkam,

denn du lebtest.

mais nunc la paies pour l'air
à plat
t'aimes ça
tu la chantes

– pèle ses poux !

(t'es son époux
à la peste
et rien ne reste

que ça)

Nun blechst du ihr, die Luft
verpufft
ein Schmaus
und schon ist's aus

– laus die Ratte!

(Du bist der Gatte
der Pest,
das ist

gewiß).

Liste des langues que je parle

Je parle

en cambré du kiki en qui
en écrit en bestiau
en ziau en fiou en artiau

en mégère vit poivré
en alectrop
en harpi plu-humé

en glas en pis
en pire en père pipi
en ni

en nenni en ni
en pot d'lati
en tapin en salingue

en cuisse en trique
en sac loustic

en déglingue
en églin lacté
en dératé

en lutin gris en crise
en cheese ! en cheese !

en anglois
en moyen haut émoi
en étrusque en osque en atrosque
en truc à s'mosquer du
loquedu

en gallo en gaulois
gan l'oumois
ango ! ango !
en angoûmois
en glottois en novarinois

en mourmé en belligéré
en digéré
en joychien
en petit chien

en argon en gergon
en dourbesque en germanon
nen calao ren otwelsh
en cant en cockney en belche

en coquillart en soudard
pan populolacan
en guyotard

en gland en gluche en francillot
en bamboché en boché
en ritalon

en pariglotte en pampluchion
en jigollier
en sabir

en euple blanc en pli d'pélite
en hoplite en peuhl
en bêche-de-mer en pidgin
en jean ! en jean !

en lingua franca
en moi
en moi
en blin blesquin en loucherbem
en largonji
en nargondu
en javanais
en back-slang du Touquet
en petit-nègre comme la pègre
embourge en besque en bourbesque
en arabesque

en bran en coprocopte
en linéaire en B
en cul d'néiforme
en égypton
en japonié

en litterletter
en cerveaucrobate
en mamerdloque
en célinien
en mécrit

en neuf glotté en grappe
en gland vieux slave
en verlan
en vers et contredanse
en cadence

en haut-landais
en betterave
en flemme ingambe
en viande de geôle
en gnole de jambe

en os-vrai-chien
en sue-des-doigts
en fin d'langué
en chair-de-main
en merde-de-chien

en han
en han han nan
en hi han
en ahan

en nanan
en non

en non !

en sou arable
pendule de gare
en tambouille en décline

en import en déglaise
en chlic de chloc
en excitant
en breton
en breton

en oualon zorrifique
en glamoureux
en ego défectueux
en jacte de marque
en txtien
en chien

en trou
en trou

en rien du trou
en vers et contre trou
en cours d'étrou

en vis et en versa
en rut et en bagoût
en caca

en caca

encaca

et cetera !

Realer Nullpunkt: Dichtung

Aus dem Französischen
von Andreas Münzner

Das Unsagbare hat mich an sich gebunden
durch ein Seil, für das es kein Messer gibt.

Melville

1

«Dichtung» heißt für mich die paradoxe Symbolisierung eines Lochs. Dieses Loch nenne ich «das Reale». Das Reale wird
hier im lacanschen Sinn verstanden: was anfängt «dort, wo
der Sinn aufhört». Die «Dichtung» hat zur Aufgabe, das Reale als Loch im Sprachenkörper zu bezeichnen. Sie bezeichnet dieses Loch durch die Zeichnung seiner Ränder, auf eine
gedehnte, verdichtete, zweideutige, rätselhafte Art. Elend
und Glanz des dichterischen Impulses liegen in der krassen
Gegenüberstellung mit dieser paradoxen (aporetischen)
Zielsetzung, in der Wahl, sich ihr zu stellen, ihr und nichts
anderem.
Es sei an Mallarmé erinnert: «Ich sage: eine Blume! und,
außerhalb des Vergessens, wo meine Stimme auf keinerlei
Umriß verweist, erhebt sich musikalisch als etwas anderes
als die bekannten Kelche – eigentliche und liebliche Idee –
die in jedem Bund Fehlende.» Ich behalte die Begriffe: «Umriß», «etwas anderes», «musikalisch», «Fehlende». Und ich
verallgemeinere: für mich – dies jedenfalls glaube ich aus
meiner dichterischen Erfahrung ableiten zu können – zielt
die Dichtung auf das Reale als das *in jedem Buch Fehlende*.
Oder: das Reale als Nullpunkt jener formalen Rechnung, die
den Text, das Gedicht ergibt.

2

Auf diesem Hintergrund möchte ich einige Elemente ver-
schiedener Poetiken anführen, die für die Moderne typisch
sind, und zugleich verstehen, was diese über ihre Unter-
schiede hinaus, ja sogar über ihre offensichtlichen Wider-
sprüche hinaus verbindet.
Zum Beispiel, wild zusammengewürfelt:

- das «*lange Zögern zwischen Klang und Sinn*» (Mallarmé
sagt: «das abwechselnde Eintauchen der Worte in Sinn und
Lautlichkeit»)
- der *Vers* (mit Fuß oder frei) als Zeichen des Abschneidens,
der Trennung, der Spannung – das heißt als Hinweis auf einen nicht gesagten, in vollen, positiven Worten sogar unnennbaren Raum
- der *Rhythmus* (Skandierung, Fluß, Prosodie, nichtfigura-
tive Energieform) als dekonstruktive und rekonstitutive Instanz der logischen (semantischen, figurativen, ausdrucks-
bezogenen) Abfolge
- die *echolalische Abfolge* (Endreim, Stabreim, Gleichklang,
usw.) als Ummantelung der semantischen Abfolge («So also
schreiben die Dichter: sich an Klänge erinnernd», sagt Leopold Bloom in *Ulysses*)
- die *räumliche Aufsprengung* (Ursprung von Mallarmés *Coup
de dé*?), radikalisiert oder jedenfalls wieder aufgenommen
in verschiedenen Strömungen der zeitgenössischen Dichtung
(Anne-Marie Albiach, Eric Clémens, Jean-Michel Crozatier):
als Verdeutlichung einer zugleich bedeutsamen (sinnbilden-
den) und unbedeutenden (die lineare Sinnverbindung unterbrechenden) Leere
- die *formalistische Radikalität* (z.B. Oulipo: Ouvroir de lit-
térature potentielle) als Widerstand gegen Sinnbildung anders als durch eine generative Rückbeugung der Sprache
auf sich selbst und daher als verweigerte Frontalbegegnung
mit der Abbildungs- und Ausdrucksfrage: Michelle Grangaud,
Oskar Pastior usw.
- die *Instanz des «Körpers»* als Thema, das heißt als sprach-
lich unmögliches Objekt (eine Allegorie des «Realen») in
den Avantgarde-Ansätzen der 70er und 80er Jahre (Pierre
Guyotat, Jean-Pierre Verheggen...)
- der Begriff der *Gegenwart* als Gegenstand der Dichtung –
zumal Gegenwart nichts anderes bezeichnet als den nicht
ortbaren Ort, wo sich der Drang zu benennen mit dem un-
aufhaltsamen Rückzug des zu benennenden Gegenstands
verknüpft. Anders gesagt: Gegenwart als überstürzte Flucht
der Bedeutungen vor unseren historischen Montagen, vor

unseren utopischen Projektionen, unseren «wissenschaft-
lichen» Bestandesaufnahmen, unseren ideologischen Vorstellungen. Oder auch: Gegenwart als formlose Form des
auftauchenden Realen im Angesicht des Symbolisierungs-
zwangs

- die Frage des *Pastiches*, der Nachahmung, der Parodie, der
Verunglimpfung, des Cut-Up, der Montage: eine Negativi-
tät, die aus dem Realen eine Art unterbrechenden Quer-
schnitt der immer schon präexistenten Bedeutungseinheiten
herauszulösen versucht (ein Wille zur Aufbrechung der
Sprachenmauer, zum Zerschneiden in eine «Weltprosa», das
heißt in die Welt, die immer schon als Text wahrgenommen
wird): Olivier Cadiot, Christophe Tarkos, usw.

- die *radikale Glossolalie* («zaoum», streckenweise *Finne-
gans Wake*, Artaud...): eine Sprache zwischen den Sprachen, die beim Theoretisieren (Chlebnikov in *Die Wort-
schöpfung*, Brisset in *La Science de Dieu*...) zur Repositivie-
rung tendiert, zur Rationalisierung, zur Entwicklung einer
kratylischen Zeichenremotivierung – die aber eher als un-
mögliche Benennung einer Leerstelle daherkommt, als neo-
logische Besetzung dessen, was die Logik nicht benennt,
und daher als erzwungene Benennung jenes Fehlens von
Logik

- die *Schreibstimme* (Mallarmé sagt: «von den Sprachsyste-
men das Instrument der Stimme») als Hervorbringung einer
Stimme, die weder die (persönliche) des Autors ist, noch die
pure Impersonalität der dichterischen Objektivität, und die
daher das Loch bezeichnet zwischen der vorgegaukelten Subjektivität (das lebendige Wort) und der unmöglichen Objektivität (die rhetorische Mechanizität) (im Hintergrund Rim-
bauds rätselhafter Traum einer «unpersönlichen» Dichtung).

Das heißt eine Dichtung, die Figuren, Formen, Szenen her-
vorbringt ausgehend von einem sich selbst Überlassen der
Sprache, einer Entrückung der Weltfülle als stabilisierter
Gegenstand und einer Zurückweisung von Subjektivität als
auszudrückende psychologische Fülle.

Ich führe einige der obenstehenden Punkte weiter aus:
«Dichtung» impliziert zweifellos Rhythmus, Klang, Atem,
Energieformen. Über diese abstrakte Beweglichkeit entbindet und verbindet sich Sinn. Es sucht sich überall und seit
jeher etwas in diesem berühmten «Zögern» zwischen Klang
und Sinn.
Was ich, natürlich empirisch, bei der Lektüre dieses oder
jenes Gedichts wahrnehme, ist, daß es zwei Instanzen der
Texthervorbringung gibt: einerseits macht «es» Sinn (ich
«verstehe» etwas); andererseits hallt der Klang nach (das
Spiel der Buchstaben, ich höre anderes heraus). Aber wo ist
die leitende Instanz? – Ein unauflösbares Rätsel. Es spielt
zwischen Duldung und Auseinandersetzung. Also Zögern.
Und was in diesem Kontext (der Dichtung) «Sinn» und
«Klang» genau heißen, wenn ich sie mir getrennt vorneh-
me, kann ich nicht sagen. Klang und Sinn sind rätselhafte
Konzepte. Die Begriffe Musikalität, Echolalie, Reim, Metrum,
Skandierung erschöpfen in keiner Weise den Sinn des ersten. Die Ausdrücke, welche Szenen, Erzählungsabschnitte,
Bildbestandteile, Spuren von Gefühlsausdrücken evozieren,
berühren kaum die Undurchsichtigkeit des zweiten.
Aber eben: Ihr Schwimmen in einer unerschöpflichen Un-
durchsichtigkeit macht erst, daß diese Begriffe im Denken
einrasten. Sie rasten in ihm ein und heben es auf. Sie kon-
frontieren es mit einer Undenkbarkeit. Bei Valéry heißt diese
Aufhebung «Zögern». Im Munde Mallarmés: «abwechseln-
des Eintauchen». Beide meinen: Schwanken, Beweglichkeit,
Palimpsest, Auslöschung. Kurz: so etwas wie die negative
Physik einer Welle. Rilke sagt: «ein Hauch um nichts».
Dichtung = Bereich einer negativen Wellenbewegung zwischen Klang und Sinn. Zugleich Ermöglichung und Verbot
einer Verbindung zwischen Sinn und Klang.
Eine solche Definition ist für sich besehen nur von beschei-
denem Interesse. Außer daß sie einen Definitionsvorschlag
für einen anderen Begriff skizziert: der aus Faulheit dauernd
wiederholte und auf platte Weise anziehende, in der Poeto-
logie viel zu schnell technisierte Begriff des *Rhythmus*.

Ein Rhythmus fährt gewiß des öfteren in Formen fest (Prosodie, Metrum). Das heißt aber nicht, daß Rhythmus gleichzusetzen ist mit der Bestimmung eines Metrums, mit Metronomie, formaler Wiederholung, Skandierung und dem Gefühl dieser Kadenz (mit Lustprämie und mnemotechnischem Bonus).

Ich würde eher sagen: die Schwingung des Zögerns, der Abwechslung und des Wiedereintauchens, die ich oben erwähnt habe, *ist* der Rhythmus. Der Rhythmus ist die zögernde Logik dieser Unterbrüche, Übergänge, dieser echolalischen Instabilität. Der Rhythmus ist die sprachliche Erscheinungsform des Realen als Loch, des verwandelten Realen, desjenigen Realen, das jeglichem stabilisierenden Abschluß von Klang und Sinn fehlt.

Oder: Rhythmus bezeichnet einen Widerstand gegen die atonale Prosa, das heißt gegen die Atonalität der Prosa als Illusion einer natürlichen, den Gegenständen angepaßten, funktionstüchtigen und homogenen Sprache, gegen ein als benennbare Fülle entworfenes Reales.

Die Frage des Rhythmus (die Frage nach dem, was zur Rhythmisierung drängt) kann nur in verneinenden Begriffen angegangen werden – auch wenn die Formen, in denen sich ein Rhythmus verkörpert, je nachdem positiv beschrieben werden können (Prosodie, Metrum).

4

Um darauf zurückzukommen: die Frage ist also diejenige nach dem negativen Übergang der Rhythmen, der Klänge, der Atemzüge, der verschiedenen energetischen Spannungsverhältnisse. Er wirkt zum Beispiel, auf unterschiedliche Weise, in den *Cantos* von Pound, in den *Oden* von Claudel, im *projective verse* von Olson oder in den Gedichten des Artaud von *Suppôts et suppliciations*.

Dieser Übergang (diese Welle) orchestriert jedenfalls ein polysemantisches Entstellen und Wiederherstellen der diskursiven Zeile. Er verweist hauptsächlich auf den Sprung, die Schwebe, die Exartikulation. Und er entsteht aus der Bedingung, die Zeile immer wieder anders anordnen zu müssen, jedoch weiterhin auf der Grundlage seines explizit ausgehaltenen Fehlens angesichts des unüberliefer- und dennoch ununterdrückbaren «Realen».

Das endlose Zögern, das gestreift Werden durch diese instabile Welle, ist jene Verbindung, die Dante «musisch» nannte.

Diese Verbindung als zu behandelnden Gegenstand zu nehmen ist, was mir dieses Genre («die Dichtung») von jeglichem anderen Ansatz von «Literatur» zu unterscheiden scheint.

Außer, daß dies sich ebenso bei Joyce wie bei Rimbaud findet, bei Guyotat wie bei Denis Roche, bei Novarina wie bei Bernard Noël, usw. Es scheint mir z.B., daß ein Prosa-Autor wie Hubert Lucot genau dieses Spiel der Instabilität, des Zögerns, der Nichtvollendung meint, wenn er schreibt: «Meine Texte bilden keinen Organismus; sie sind materielle Spuren, welche die Bildung eines theoretischen Wesens katalysieren, das in seiner vollkommenen Verwirklichung umkäme.»

Man könnte höchstens sagen, daß das «Gedicht» (ich sage hier nicht mehr die «Dichtung») die gedrungene Form ist oder sein kann, in welcher diese Frage als solche behandelt wird, in ihrer puritanischen Radikalität, die jeglicher anderweitiger Erwartung bar ist (woraus auch folgt, daß diese Radikalität ins Extrem formalisiert leicht blutleer, technisch und demonstrativ scheinen kann).

Vielleicht zeugt in allen Fällen der dichterische Text von der unerfüllbaren Öffnung, vom Auftauchen des Negativen, und ausschließlich von ihnen – auch insbesondere wenn er so tut, als sei er über «Entsprechungen», «Mimologien», kratylische Zeichenremotivierungen oder glossolalische Kurzschlüsse dabei, die Distanz zu überbrücken und die Öffnung zu verstopfen. Und es scheint mir auch, daß es die Logik dieses *wie wenn* ist – hier grob verstanden als ein Verneinen oder Auslassen –, die uns helfen kann beim Verständnis jener säkularen Anziehung der Dichtung dafür, was bei Homer das Wie des Vergleichs, bei Ovid das Wie der Metamorphose, bei Hugo das Wie der Metapher, bei Baudelaire das

Wie der Entsprechung, bei Mallarmé das Wie der Analogie, bei den Surrealisten das Wie der Bild-Droge usw. zu verbinden, aufzufüllen oder zuzudecken vorgibt.

5

Ich habe gesagt, daß sich *etwas* suche, was in allen Büchern fehlt. Jede Epoche gibt ihren Glaubensinhalten, Fragen, Sorgen, ihrem Wissen und Nichtwissen ad hoc einen Namen: Gott, Mythos, Natur, Wort, Wahrheit, das Absolute, Mensch, Liebe, Körper usw. Im Französischen wird jeder dieser Begriffe im Gegensatz zu gewöhnlichen Substantiven mit einem Großbuchstaben am Anfang geschrieben, und dieser Großbuchstabe ist das Zeichen dafür, daß die Begriffe wie magische Substitute für das Unnennbare stehen.

Die Modernisten vielleicht, nüchterner, vorsichtiger, verlorener, stärker belagert von positivistischen Diskursen, fundamentalistischen Versuchungen und den arroganten Humanwissenschaften, haben weniger die Tendenz, vor den Bequemlichkeiten dieser Benennung zu weichen. Sie sprechen vielmehr, um gegen die Unterwerfung unter Begriffe zu protestieren. Aber die Wirkung ist letzten Endes dieselbe. So spricht Bataille vom *Unmöglichen*, Kafka vom *Negativen*, Beckett vom *Unnennbaren*, Michaux vom *Leeren*, Ponge vom in den Abgrund verwiesenen *Gegenstand* (objet), der zum *Gegenspiel* (objeu) und *Gegenspaß* (objoie) wird.

Oder aber die Modernisten erfinden sich geradezu zerstückelte und wieder zusammengestückelte Wörter, trügerische Wörter und Gag-Wörter, hybride Wörter, Nicht-Wörter: so spricht Jean-Pierre Verheggen vom *Tonbewußten* (insonscient) oder von der *spRache* (violangue), und ich selber vom *Gehörsam* (ouïssance), von der *Dünkeläugigkeit* (oroeil), vom *Imaminären* (imagimère) usw.

Keine Dichtung also, in meinem Verständnis, ohne daß dieses unnennbare Etwas der dichterischen Arbeit als unerreichbares Ziel vorangestellt wird. Keine Dichtung, das heißt keine Überquerung der Undurchsichtigkeit der Sprachen, kein Protest gegen die Zuweisung der Wörter, kein Widerstand gegen die Macht der Idole.

Kurz, kein lebendiges Zittern in der Aneinanderkettung von Wörtern, der Darstellungen, der Diskurse, ohne daß das besagte *Etwas* vorübergeht, hindurchgeht, seine entstellende Kraft hineinschmeißt, ohne daß dieses Nichts-Benennbares den Anspruch zu sprechen und damit anders zu sein, ein anderes, ein Ungebundenes, an sich reißt.

Kein lebendiges Zittern, das heißt keine *Freiheit*, keinerlei Möglichkeit, der Einkerkerung durch die im voraus gemachten, positivistischen, rundum begründeten Diskurse zu entgehen, die vorgeben, uns die Welt zu liefern – und uns in Wirklichkeit ihrer tödlichen Verblödung ausliefern. Und wenn Dichtung manchmal eine Kraft der «Revolte» in sich trägt, so entsteht diese Kraft und wird niedergeschrieben, einfach so. Auf die Gefahr hin, daß sie in einem zweiten Schritt erklärendere Formen der «Revolte» annimmt, sozialisiertere und politisiertere.

In Klammern: Ich sehe hier den notwendigen und hinreichenden Grund für die avantgardistischen Versuchungen, welche die Geschichte der Dichtung prägen. Man ist nie damit fertig, und wird es nie sein, die Avantgarden zu töten. Denn das Wesen der avantgardistischen Haltung (oder ihres Irrwegs) ist nicht tötbar, was auch immer der Flitter der Epoche sei, mit dem sie sich behängt (neuere Formen dieses Flitters: die Revolutionsidee und die progressive Futurologie). Hier berühren wir den Benennungsdrang. Um schnell «die Welt» sagen zu können (Gott? Natur? Körper? Gegenstände? Intimität? Es? Erfahrung? Phänomene? Reales?), muß der Sprechende eine Symbolisierung vorweisen – indem er sich aber weiterhin jeglicher Benennung verweigert (à la Lacan: «beginne da, wo der Sinn aufhört» – oder, à la Rimbaud: «weiche der Lust aus»). Anders gesagt: der symbolische Apparat der Epoche (die «Realität», die mit den positivistischen und artikulierten Repräsentationen der Welt identifizierte Welt) ist immer schon veraltet, unfähig, entwirklichend und ungeeignet, eine nur in etwa akzeptable Empfindung zu liefern, die der Wahrheit der Erfahrung entspräche. Daher auch fühlt man sich darin wie beschämt (beschämt, ins symbolische Korsett gezwängt). Daher auch träumt man von einer andern Welt, von einer «aufgewerteten» Menschheit (z.b. durch eine andere soziopolitische Organisation). Daher auch schielt man auf die ideologischen und politischen Diskurse, welche diesen erlösenden Wechsel zum Programm haben. Und so ist man auch versucht, zumindest einmal, mit ihnen gut Freund zu sein.

Wie dem auch sei, die erwähnte Verlegenheit erzeugt eine leichte Verkrampfung, eine hysterisierte Äderung. Das Gefühl dieser Äderung ist, was einen schreiben heißt («eine Sprache» finden). Es scheint mir, daß die Dichtung dies immer zugleich sagen und verschweigen, verantworten und ignorieren mußte, um sich zu verwirklichen, das heißt um in sich den Kern Unmöglichkeit, der sie antreibt und ausmacht, zu zeichnen und zugleich wegzuradieren.

Dies hilft zumindest verstehen, warum der Dichter unaufhörlich Sprachen «finden» muß – und warum man aus demselben Grund nie wirklich Sprachen findet. Der Erfolg der Dichtung liegt in der Spannung hin zu diesem Scheitern. Diese perverse Bewegung ist untötbarer Trieb zum «Neuen», die ewige Neufertigung des Rätsels der Sprachen und des Rätsels innerhalb der Sprache, die Darstellung der Gegenwart als Rätsel, als Widerstand gegen die Darstellungen, der schaukelnde Tanz mit dem Fehlenden, dem Unbedeutenden, dem Unbenennbaren, dem Negativen, dem Unmöglichen, der verdammten Seite usw. Was demnach die Welt offen läßt und vielleicht paradoxerweise das Wort möglich macht.

Falls es eine Forderung nach Dichtung gibt (und es gibt sie, wie man weiß, gegenüber allen und gegen alle Mahnungen der Welt – auch der kleinen Welt des «Literaturlebens»), so meines Erachtens um diese Unentschiedenheit, diese Unschlüssigkeit, diese lebendige Leerstelle aufrecht zu erhalten, die der Ruf nach einem *Etwas* öffnet, das bekanntlich unnennbar ist und das man dennoch zu benennen sucht mit polysemantischen, rhetorischen, destruktiven, abgeglittenen, verschobenen, aufgeblasenen Kniffen – welche sich gleichwohl aus dem sogenannt «dichterischen» Schreiben zusammensetzen, formalisieren und verdichten. Gleich einer Chance für das Denken, für das Vergnügen, für die nicht allzu entfremdete Bewohnung von Wort und Welt.

«Es gibt auf der Welt mehr Götzen als Wirklichkeiten», sagte Nietzsche. *Dichtung* heißt vielleicht, heißt jedenfalls für mich, im Angesicht dieser Götzen zu arbeiten, mit ihnen, auf ihnen und gegen sie (in meinen Texten ist das die «Mutter»).

Gegenüber den Götzen und nicht gegenüber einer Realität, vorgestellt als ein Gegebenes, als eine darzustellende, zu erklärende, auszudrückende Fülle, als ein a priori gesetzter Inhalt: die Dichtung baut ihre entstellenden Stellungen, ihre verunstaltenden Gestalten demjenigen gegenüber, was die Götzen vom Loch des Realen verstopfen. Um in ihrem Versagen das «Reale» als ein Fehlendes funkeln zu lassen, insoweit man es überhaupt lassen kann, als ein Ungestaltbares, als Widerstand gegen die Götzenvergötterung (gegen die Macht der Bilder, den diskursiven Positivismus). «Wir denken nicht», sagte Artaud 1926, «daß das Leben an und für sich darstellbar ist oder daß es die Mühe lohnt, in dieser Richtung sein Glück zu versuchen.» (Gesamtwerk, frz. Ausgabe, Band II, S.23).

Daher in der Dichtung die Bedeutung von Schnitten (die Aufhebung des Verses als Graphik des Unterbruchs), von Intervallen (der Sprachblock mit seinen Abständen und Löchern), von Leerstellen (als Sinnbild einer Leere, auf deren Grund die Druckwellen des fehlenden *Etwas* widerhallen), ja sogar von typographischer Auflösung etwa bei Mallarmé im *Coup de dé* (eine Aufzeichnung der Welt als zerreißende und zersprengende Kraft des Sprachkörpers – als ikonoklastischer Druck).

6

Jerôme Roger zeigt in einer höchst interessanten Studie über das Auftreten der «Kategorie der Zukunft» in der Dichtung von Michaux, daß der Begriff *Zukunft* bei Michaux nicht

einen «ausgedehnten Themenbereich als isolierten Schreib-
gegenstand» bezeichnet. Er schließt daraus, daß man ihn
nicht «den verschiedenen Utopien der Sprache, wie sie verschiedene Avantgarden des zwanzigsten Jahrhunderts ent-
worfen haben, zurechnen kann».

Bei Michaux enthält der Begriff *Zukunft* keinerlei futurolo-
gische Sicht. Er hat nichts von dieser positivierten Fülle (eines René Char z.B.). Er leitet sich ganz im Gegenteil ab von
«einem zugleich beweglichen und bezüglich der Epoche ex-
zentrischen Gesichtspunkt» (bezüglich der Gegenwart natürlich). Er ist gebündelt, sagt Jerôme Roger, in «einer inten-
siven Form der Affirmation des Subjekts gegenüber dem
Schicksal». Er bezeichnet eine Sucharbeit nach der «fluktu-
ierenden Form der Gegenwart». Er symbolisiert die Erwartung einer «anderen Gegenwart», das heißt die unverrück-
bare Instanz einer «kontinuierlichen Welt der Gegenwart»,
welche die «Dämme der ideologischen und sozialisierten
Zeit» zum Einstürzen bringt.

Die Gedichte von Michaux weisen oft einen obsessiven,
gehämmerten, litaneiartigen Rhythmus auf. Dieser Rhythmus verkörpert eine «kontinuierliche Öffnung der Zeit». Er
stellt eine in Wörtern (in semantischen Pausen) unfaßbare
Augenblicksmatrix dar.

In der Poetik von Michaux bezeichnet *Rhythmus* somit die
abstrakte (nicht-figurative) Äußerung des Auftauchens dieses unfaßbaren Sinnaugenblicks. Der Rhythmus spielt in der
und gegen die Sprache in seinem/ihren sie ausmachenden
Körper/n. Diese Unfaßbarkeit, diese Öffnung, diese Trenn-
kraft, diese fluktuierende und exzentrische Kontinuität boh-
ren Löcher in die stabilisierte, semantisierte, erklärte, be-
schriebene Gegenwart.

Sie brauchen also einen Namen. Im Vokabular von Michaux,
ist dieser Name das Wort *Leere*. «Oh! Leere! / Oh! Raum! /
Nichtgeschichteter Raum... Oh! Raum, Raum!» heißt es z.B.
in einem berühmten Text aus *La Nuit remue*.

Die *Zukunft* ist also die Leere, «der Sprachschrund». Die Zukunft genannte Utopie hat nur insofern Bedeutung, als sie
«eine Leere freischafft und so jeden seiner eigenen exzessi-

ven Gegenwart überläßt». Sie wird, sagt Jérôme Roger, «zum Namen der gnadenlosen Gegenwart, die das Sprachsubjekt in die Fänge der absoluten Nichtigkeit des Schicksals ausliefert».

Die Begriffe *Zukunft, Gegenwart* und *Leere*, solchermaßen mit einem seltsamen Gleichheitszeichen verbunden, werden bei Michaux zur formlosen Form des Auftauchens des gegenüber dem Symbolisierungszwang unmöglichen Realen, zum vielgestaltigen Namen der vor Sprachanstrengung ohnmächtigen Welt, zum Zeichen einer unter dem Druck einer nichtverwörtlichbaren Anwesenheit (das Reale) skandierten Sprachexplosion.

Und der poetische Realismus von Michaux besteht wie derjenige der Dichtung im allgemeinen in einer schriftlichen Rechenschaft dieser Grundtatsachen. Das heißt einerseits: der Entschluß zu schreiben unter dem Diktat eines Realen, das zur Stilanstrengung zwingt und wie eine unüberwindliche Einschränkung zum Ausdruck ruft – als Ruf aber leer, unbenannt, formlos bleibt (einst hat man dies vielleicht *Inspiration* genannt); andererseits: der dazu symmetrische Entschluß, sich dieses Reale als Ziel vorzusetzen (das Projekt, das Reale «wiederzugeben»: es zu symbolisieren – jedoch stets als Leere und in unmöglicher Gleichsetzung).

7

Davon ausgehend eine weitere, mit dem Vorangehenden eng verbundene Frage, die eine sehr lebendige Strömung der zeitgenössischen Dichtung betrifft:
Was heißt es, öffentlich Dichtung zu lesen – das heißt die wechselhafte, konfliktreiche, in Töne, Rhythmen, Bedeutungen und Figuren verliebte Arbeit im Lebendzustand vorzutragen und herzuzeigen?
Diese Frage stellt sich jedem, der sich an diese Ausdrucksform wagt, wobei man wissen muß (doch man weiß es nur sehr ungenau), daß sie sich nicht von selbst ergibt. Gewisse (Dichter? Performer? – das sei dahingestellt) stellen sich

dieser Herausforderung. Es geht nicht um Theater, um De-
klamation, um Rezitation. Und natürlich ebensowenig um die
einfache, mehr oder weniger vorangekündigte, mehr oder
weniger belehrende, mehr oder weniger skrupulös neutrali-
sierte stimmliche Umsetzung von etwas, das schlichtweg im
Schweigen des Buches gefangen bleiben könnte.

Die mündliche, eventuell szenische und «performierte» Lesung des «dichterischen» Textes akzentuiert die oben er-
wähnten Merkmale. Ich rede hier nicht, jedenfalls nicht ausschließlich, nicht hauptsächlich, von den verschiedenen
Strömungen der sogenannten *poésie sonore* («Lautpoesie»:
Chopin, Heidsieck, Blaine...), von denen jede auf ihre Art
dieses Spiel auf sich nimmt. Denn häufig (aber nicht immer)
schließen diese verschiedenen Praktiken das Spiel nur kurz.
Sie reduzieren allzu oft die Komplexität der Frage der «Dichtung» auf eine verschauspielerte Mündlichkeit, die manchmal billig erscheint einerseits hinsichtlich der Frage des Sinns,
andererseits hinsichtlich der Erfindung «moderner» Schreib-
formen: polysemantische Darstellungseffekte, Bedeutungs-
netze. Bei einigen besteht diese Reduktion darin, das Vorge-
hen in die Nachbarschaft der Musik zu rücken (Henri Chopin). Bei anderen besteht sie in der Skandierung von Texten,
die nur allzu erkennbare, weil schon von der Geschichte ver-
daute dichterische Formen und Klischees beinhalten (der
Fluß der surrealisierenden Metaphern und/oder die rituelle
Litanei exotischer Dichtung: Serge Pey).

Daher auch parallel dazu eine gewisse intellektuelle Schwä-
che der meisten Diskurse über diese Praktiken. Diese Diskurse weisen häufig einen Hang auf, sich mit einer Art ex-
pressionistischem Vitalismus, mit einer Spielform des Natu-
ralismus, mit dem Glauben an den Wert an und für sich der
Unmittelbarkeit «performierter» Aktion zufriedengeben zu
wollen (als ob es, was auch immer man tut, nicht stets auch
Meditation gäbe, das heißt Trennung, Distanz, Ausbleiben
der Idylle zwischen Wort und Welt, zwischen Text und Körper, zwischen Sprache und Stimme).

Worum geht es also letztendlich? – Um das, was stattfindet
im Aufeinandertreffen von Klang und Sinn, um dieses Inter-

vall, das auch der Schnitt einer Operation ist, die Spur einer offengelegten Narbe. Das heißt abermals um nichts, das einen Namen trüge. Es handelt sich um ein Etwas, das spannt und gähnt, das Namen provozieren möchte, gegen die Namen protestieren, sie mit Klängen durchlöchern, sie mit Rhythmen durcheinanderbringen, sie verschieben, entstellen, Fragen aufreißen – mit der, in der, gegen die und durch die Sprache – das heißt mit dem, in dem, gegen das und durch das, was uns zugleich untereinander verbindet, mit der Welt verbindet und uns vielleicht auch manchmal dichterisch unserer neurotischen Promiskuitäten und der Welt entbindet, ihrer benennbaren Monstrosität, ihres unbedeutenden Geschwätzes.

Es geht nicht darum, die Stimme als von etwas erfüllt zu erheben, das weiß nicht welcher höheren Wahrheit gehorcht, die einer quasi-physiologischen Intimität näher wäre (in concreto: ein naturalistischer Traum, dessen Horizont die mutmaßlich absolute Echtheit des Urschreis wäre). Es geht ganz im Gegenteil darum, die Stimme zu denaturalisieren, sie dem Markenzeichen der subjektiven Identität zu entreißen und sie als Fehlerhaftes hinauszuschleudern, als Loch in der oder der Sprache schlechthin, als monströse Kennzeichnung des offenen Grabens zwischen dem unmöglichen Realen und seiner zweckentfremdeten Übertünchung durch Wörter, die es angeblich sofort, ausdrucksvoll, homogen und einstimmig wiedergeben.

Christian Prigent

Ulrich Schlotmann

Texte

video/remix

jesus i.e. messias wie ist
die partystimmung bereits jetzt auf ihrer siedetemperatur
angelangt hallo
einen abdruck des kinnes sylvester stallones
bündig mit Kunstharz ausgießen höre ich
diene nicht der forensik eben
der wissenschaft vom menschen nicht
sei lediglich
kokolores wörtlich
da bin ich 17
dreht man sich um ist irgendetwas umgefallen es könnte alles sein
du spasti niemand liest das feuilleton
der überregionalen tageszeitungen
um einen steifen zu kriegen ich nicht
gibt es doch den funsport
nicht wahr
das beispiel bungee
jumpn (sic!)
beweist es
uns dito
die allerveritabelste handentspannung schon um 30
dm wenn ich in gedanken fort bin weit weg
gilt mein letzter aufenthaltsort
«automatisch»
als neuer treffpunkt soviel dazu
hören sie es gibt den
point of no return nicht
ein gewisser mister minit
spielt mit dem gedanken sich
im wodkasuff wohl
INDIANER JONES (o.ä.)

auf die stirn in riesigen
in quasi überlebensgroßen lettern
tätowieren zu lassen damen/herren
das ist die crux mit diesen
sogenannten rucksacktouristen
wie wir sie kennen

anita heißt angriff anklam =
an der peene nah der ostseeinsel usedom gelegene
stadt der lakritze
schmieren längs lastenkräne ab abzuschmieren drohen
schwer zu toppen: dubversion
des käptn iglu songs
käptn iglu und seine crew
in inläden von amster- bis potsdam
piercing penisspitzen/und cutten schamlippen
«ich trinke nicht selbst aperitifs nicht»
(es waren auch keine geplant)
abblasen von ruß und luft aus cockpits/off beats
triebköpfen rigipsfarbiger ice-züge
polaroides sound-design
links in big boxen/cargo hoppern tintenkiller
beamte der soko dogen/an der schwelle zur nokia connection
männer in ihrem sonntagsstaat!
spinatblock/programm din a (...) themaschwerpunkt (...)
entlang einer schneise «der verwüstung» durch den binärcode
summen rüttler und asphaltwalze ihr lied industrial
im unterholz
fusion rentabeler productplacement firmen im internet
per mausklick!
laß uns einen segeltörn machen hieß es plötzlich!
selbstverständliches gebiert nur mehr selbstverständliches
hunnenhorden liegen längs des urals und singen fast
attila heißt ankommen = irgendwie ambient

sinnentaumel enthusiast/spannend
in das barocke venedig (dem
venedig des barockzeitalters)
in dem new york von charly chaplin/
und dem paris de gaulles/in dem
prag der jahrhundertwende
juan fangio auf ferrari/annodazumal
das ist der letzte tag
dies sind «die letzten tage» im september
china das land der boxer
alles ist gefaked mal/mehr mal weniger
gepfählte stammesobere am wegesrand/sergeants
in basecaps und moonboots/bzw. moonbootartigen
steadycam-manie/virulenz
kunstraum & klimate
mies gehängte stuhlproben trotz/oder wegen «el-niño»
mach daß es «klick» macht/(...) daß es mich berührt
luft/überall in den «fidelen» gebetsmühlen der sherpas
fleischfetische/angewandte tools
auf alt gemachte faksimiles
golden/analsex auf arte
kamerafahrt etwas über normalnull niveau hin
«beinahe» echtzeit/basecamp pausensnacks
mit sanddornfarbenen sushihäppchen «auf japaner gehen»/gong
tamtam im benachbarten kamasutra/totally benares
afrika pur/der schwarze kontinent («irgendwo»)
hektik auf high heels/lackenge pos
totmannschaltung & düfte von coco chanel
pottwale («bingo!») vor island/fabriken für strickjacken
es ist nicht bridge no/
es ist no (& es gibt kein remis)

«on» = «an»/
(...) auf dem klingonenraumschiff wird der tarnstatus angemacht
multimediale/sprachenkabbala
div. meeresschildkröten auf halb acht uhr!
ungares das einem von schwulen bei mc donald's vorgesetzt wird ja
bis nichts mehr sich verändert von wiederholung zu wiederholung
während pace car phasen

In dem Traum hat es immer geregnet. Auf die Dielen und das Parkett tropft Blut. Jene Frage zieht weitere nach sich. Ihr bricht der Zehennagel ab. Gott hat uns nackt erschaffen. Es wird jetzt Zeit zu gehen. Ihren Körper konnte er nicht vergessen. An dem Tag hat alles angefangen. Sperrangelweit steht die Tür zu dem Fabrikhof auf. Ich habe ihnen gute Nachricht zu übermitteln. Schnee liegt auf Dächern und der Wiese. Eine Anekdote hat er sich noch aufbewahrt. Sie verläßt gegen Abend die Seenlandschaft. Du erstaunst ihn immer wieder aufs neue. Er sieht die Verfolger im Rückspiegel. Eine Sekunde ist vorüber. Jene Musik beruhigt mich. Sie verwundert dieser Beschluß nicht. Der Marabu stakst durch taunasses Gras. Wir hatten die Gefährten zurücklassen müssen. Schließlich wußte ich nicht mehr was erwidern. Sie preßt die Stirn gegen das Abteilfenster. Ein Gewitter braut sich am Himmel zusammen. In der Nische rascheln die Papierstreifen. Der Vegetarier ißt Salat. Putz bröckelt von der Zimmerdecke herab. Nachts verpaßt sie den Anschlußflug. Deine Augen blicken sehr müde. Für sie schien dies kein Konflikt. Ein einzelner Inuit passiert die Station später. Er lockert die Umklammerung. Der Gast kam nicht gelegen für uns. Es vergehen Minuten der bangen Sorge. Was hat sie sich davon versprochen. Du riechst den Braten noch rechtzeitig. Das Laub fällt im Herbst von dem Baum. Spartakus eine Gestalt des antiken Rom. Ab wann bist du dort wieder anzutreffen. Das Abonnement gilt nur für dies Jahr. Kameras bannen das Ereignis auf Zelluloid. Dann spritzt Beton aus einem Schlauch hervor. In der Vase verwelkt die Nelke bereits. Ein Wärter schließt das Museum um Punkt achtzehn Uhr. Vor dem Mond steht ein eckiger Turm. In der Bibliothek herrschte eine Totenstille. Da hieß es den Probedurchgang wagen. Sie macht den Spaziergang bei Regen und hereinbrechender Dunkelheit. Zerknittert liegt das Laken über ihr. Leicht schwankt ein Kran hin und her in dem Sturm. Er nimmt Anzug und Schal von dem Haken. Sie bestellt sich eine Limonade. Die Schwermut befällt ihn am Nachmittag wieder. Kein weiteres Brot bitte. Pest und Cholera schienen lediglich ausgerottet. Ist dir etwas daran aufgefallen. Ihr Zorn hat sich angestaut gehabt. Der Havarist ist nur ein Spielball der Wellen. Es soll über die Feiertage nicht regnen. Hobelspäne ringeln sich zu den Füßen. Für sie ist dies vertane Zeit. Ich vergaß die Brille zum wiederholten Mal. Der Atemstoß trifft ihn im Nacken. Mitten in der Nacht hört er den Hahn krähen. Was nur irgend schiefgehen konnte ist auch schiefgegangen. Ingwer Paprika und eine Prise Zimt gibt sie zu dem Sud. Später holt er ihn wieder von der Friseurin ab. Hurra Hurra skandiert ein recht angetüdelter Seemann. Die Kuh wird in der Früh gemolken. Angst vor der Wahrheit hat jeder. Der Beelzebub ist der gefallene Engel. Wieviel Geld verbleibt uns in etwa. Ich fühle mich zerschlagen wie nach einer Orgie. Du mußt dir über eines klar sein. Er verabschiedet sich von allen per Handschlag. Was wohl die kommende Woche bringt. Ein Embargo das alle naselang gebrochen wird. Der Karibuhirsch schabt sein Geweih an einem Baumstamm ab. Mehr bedeutete er ihr nicht. In der Situation hieß es ruhig Blut bewahren. Weihnachten gibt es wieder Karpfen wie jedes Weihnachten. Schließlich warst du mehr als gewarnt gewesen. Durch die Kanalisation strömen Abwässer und Fäkalien. Sie beginnt hysterisch zu schreien. Was verstehst du von der Materie. Der Faun steht in dem grünen Farn. Eine Wunde öffnet sich wieder. Fräulein Julie wird in dem Theater gegeben. Die Kripo führt Razzien durch. Kann ich mich auch darauf verlassen. Sie wirft ihm starkes Desinteresse vor. In der Straße hängt der Geruch von Kaminrauch. Er tritt auf die schattige Loggia hinaus. Sie muß erneut bei Null beginnen. Der Installateur dichtet das Rohr ab. Ein Stück Würfelzucker zerfällt auf dem Boden des Glases. Wieviel Verletzte gibt es. Jenes Pferd ist ihr ganzer Stolz gewesen. Rasch geht es ihm schlechter. Eine der Anwesenden muß niesen. Kann das denn so schwer sein. Wieder will eine Nacht kein Ende nehmen. Der Mast zerbricht während eines Manövers. Ihre Prognose verheißt ihnen enormes Wachstum. In der Umgegend kursiert das Gerücht über sie. Ich lese dies Inserat flüchtig durch. Er hat zu einhundert Prozent recht damit. Das ist der schiere Wahnsinn. Wie verkraftet ein Vater das. Sie leistete erbittert Widerstand. In den Gazetten ist oft vom Skandal die Rede. Hat das Warten nicht bald ein Ende. Schon blüht wieder der Schwarzmarkt. Wieviel Ballone am blauen Himmel stehen. Du stichst mit einer Gabel in die Sellerie. Sie schließt das Fenster trotz großer Hitze. Es wird vermutlich Radau geben. Ich habe die Listen fortgeworfen. Ein roter Milan kreist über dem Tal. Der Tag verläuft nicht wie von ihm erwartet. In dem Wasser versinkt ein Sporttaucher nach dem anderen. Das Rad dreht sich lange noch weiter. Mit Cembalounterricht verdient sie sich ein Zubrot. Der Eisblock bricht von einem Gletscher in der Antarktis ab. Jene Aktion war bis ins Detail geplant. Du öffnest die Lade eines Schrankes. Es wird nie wieder richtig schön werden. Während des Festes brennen überall Lichter. New York ist noch der Nabel der Welt. Die Litanei der Frau Svende machte peinlich betroffen. Vulkane brechen oft in der Nacht aus. Er läßt sich den Bart abnehmen. Ihr Mann ist Doktor der Medizin. Dein Fanatismus ist schwer zu ertragen für mich. Der Karton ist zur Verwunderung aller leer. Das Erz wird in Loren zu Tage gefördert. Wie ein wildes Tier hinter Gittern benimmt er sich. Wieder und wieder wird die Gefahr heraufbeschworen. Sture Ignoranz feiert hier frohe Urstände. Der Mond geht gegen Morgen auf. Der Konditor spuckt Blut in ein Taschentuch. Kann ich dich nach der Vorstellung sprechen. Ein dicker Ministrant öffnet lächelnd den Tabernakel. Der Katamaran durchschneidet das smaragdgrüne Meer. Falls du nichts zu sagen hast schweig still. Sie trieben die Herde Rinder quer durch ganz Kanada. Mit lautem Knall fällt die Kellertür ins Schloß. Die Position muß einmal überprüft werden. In den Zigaretten ist Teer neben anderen Schadstoffen. Der Tintenfisch spritzt dir Tinte in das Gesicht. Aus dem Konzertsaal dringen Buh- sowie Bravorufe. Mit der Frage lockt er mich nicht aus der Reserve hervor. Ein Gipsverband stabilisiert den geschienten Arm noch. Außer dir gibt es keine Frau. Mit dem Hammer schlägt er die Nägel ein. Dies Problem trat erneut auf. Ein Blatt Papier weht von dem Regal herab. Was geschieht mit etwaigen Verwundeten. Die Lottozahlen werden im Vorabendprogramm gezogen. Ein Maiglöckchen durchstößt die Schneedecke bereits. Das Fuhrwerk rattert über Katzenkopfpflaster. Es war nicht zu vermeiden gewesen. Ihre Lippen suchen meine Lippen im Dunkeln. Er will genau unterrichtet sein. Einen Versuch ist es allemal wert. Der Dominostein glänzt im Licht einer Kerze. Mit Skiern macht sie sich auf die Suche. Das Wasser rinnt in dickbauchige Kessel hinein. Ihren Beteuerungen glaube ich keine Sekunde lang. Der Blitz erhellt die Nacht taghell. Wir hatten die Zeichen falsch gelesen. Erst das Schlagen des Segels schreckt ihn auf. Das Tauziehen zehrt an unser aller Nerven. Über diesen Punkt muß Einvernehmen erzielt werden. Ich betrachte das Objekt schon geraume Zeit. Den Kindern lief Rotz aus Mund und Nase. Ein Konvoi zieht am Horizont vorbei. Afrikaans die Sprache der Buren. Es läßt sich nicht darum herumreden. Jemand sollte sie töten. Heiseres Gebell ertönt von irgendwoher. Informationen sind Schwachsinn qua definitionem. Eine Kampfsportart ist das Karate. Wann erwartet ihr den Kurier zurück. Das **hört er** nun zum soundsovielten Mal. Laß dich nicht davon abbringen. Jenseits der Alpen liegt Italien. In der Kapelle hocken alte Frauen und murmeln. Der Kabarettist lacht schallend in ein Mikrophon hinein. Der PVC-Boden braucht nicht gebohnert zu werden. So erzähl doch was dich umtreibt. Sie vermag Stimmen durch die Wand zu hören. Mit der Bemerkung fiel er ihr in den Rücken. Was bereitet dir eine solche Freude daran. Zehn Meter weiter war nichts mehr zu sehen. Sextant und Zirkel lagen auf dem Kajütentisch. Dies Terrain muß zurückerobert werden. In den Verliesen hängen Fledermäuse kopfüber. Niemand besitzt das Recht dich wie Dreck zu behandeln. Freudig erregt strömt alles zu dem Galadiner hin. Hitze und enorme Luftfeuchtigkeit herrschen in dem Gebiet des Delta. Dreihundert Mann sollten ihr Leben in dem Gefecht lassen. Die Infantin besudelt ihr Kostüm mit Kot. Die Stimmung stieg im Verlauf der Nacht noch. Im Namen Gottes des Vaters flehe ich sie an. Der Staatszirkus gastiert in Kaliningrad und Prag. Mit der Hand fährt er sich durchs Haar. In dem Wald wird ein Reh geboren. Kurz vor Feierabend fand noch ein Probealarm statt. Über die Sache muß Gras wachsen. Am Rand der Konferenz kommt es zu bilateralen Gesprächen. Das kann als Täuschungsversuch gewertet werden. Jenes Karomuster mißfiel ihr extrem. Galicien droht die verheerende Dürre. Das Unterseeboot taucht tiefer hinab in das Meer. In den Büchern steht nichts als Unfug. Man muß Kalk über die Verwesenden werfen. Ich seh dich am Fenster vorübergehen. Bis auf ihn war die Mannschaft komplett versammelt. Das Kurkonzert fand sommertags im Freien statt. Als nett und ruhig beschreibt er die Wohnung. Eimerweise wird Gülle über die Beete geschüttet. In der Bibel ist von dem Jammertal die Rede. Schieferplatte legt er sorgfältig neben Schieferplatte. Das Wetter schlägt urplötzlich Kapriolen. Ein feister Tambourmajor dirigiert den Spielmannszug. Etwas dringt in die Körper ein. In der Kelter findet ein Preß- und Quetschvorgang statt. Wahllos flüstert sie kaum vernehmlich wahllos. Auf dem Hochhausdach landet ein Hubschrauber. Die Kaltmamsell die ganz famose Person. In dem Meer schwimmt eine Herde Bartenwale. Achtung Herr Cimballa erscheint auf der Bildfläche. Sie klimpert hoffärtig mit ihren silbernen Ringen. Der Hund des Wachhabenden knurrt oft laut. Die Roßkur verlangt viel Disziplin von dem Patient. In den Wüsten Australiens trifft man auf die Aborigines. Das Frühstück ist stets um zehn Uhr. Noch scheint es nicht recht klappen zu wollen. Der Kälteeinbruch überrascht die Touristen in den Vogesen. Unter dem Aprikosenbaum liegt ein weißer Teppich aus Blüten. So haben wir aber nicht gewettet. Es riecht nach Benzin und nach Kerosin. Die Pfeiler stehen exakt auf einer Geraden. Jenen enormen Strapazen war er psychisch einfach nicht mehr gewachsen. Der Sonnenaufgang taucht alles in ein orangefarbenes Licht. Er bringt das Bantamgewicht nie und nimmer. Aber aber meine liebe Frau Melusine. Der Kaviar gilt als eine Delikatesse bei ihnen.

Dann erwartet uns alle noch ein böses Erwachen. Wer hier eintritt ist auch willkommen. Über mein Ersuchen ist bislang nicht entschieden. Kataloge blättert die Familie an dem Sonntagnachmittag. Der Kanalschwimmer Stevenson betritt Land in der Nähe von Dover. Ein Pfarrer besprengt die Gemeinde mit Weihwasser. Die Kleiderbügel schlagen scheppernd zusammen. Mit Fürstin Leonie verbindet mich nicht einmal der Name. Ganze Nächte lang hockt er stumm vor seinem Personal Computer. In den Grachten Amsterdams steigt das Hochwasser noch. Meine Herren bitte erregen sie sich nicht. Himbeergelee verläuft auf den getoasteten Brötchen. Das war so aber nicht gemeint gewesen. Die Heidelandschaft lädt zu Spaziergängen nachgerade ein. Eben fährt die letzte Trambahn für heute. Wieviel ist eins plus eins deiner Meinung nach. Der Tropfstein hing bis auf den Höhlenboden herab. Der Besucherandrang hielt die vollen drei Tage über an. Du klopfst dir den Sand aus den Stiefeln. Sie läßt ihn ihre ganze Verachtung spüren. Nachtigallgesang erschallt vom Himmel herab. Er wiederholt unentwegt die Frage. Eine Epidemie grassiert in den Favelas den brasilianischen Slums. Darüber hat er nicht zu befinden. Nimm deinen blauen Anorak und verschwinde. Die Stromkabel liegen wirr durcheinander. Unser Kinobesuch gefiel ihm kolossal. Wie sagt man noch zieh dich aus auf Spanisch. Ein Basketball rollt auf die Straße. Er ist verletzt und somit gefährlich. Das Stricknadelgeklapper der Mutter macht ihn nahezu blödsinnig. Eine kandierte Frucht ragt aus ihrem Bauchnabel auf. Aber eines möchte ich noch sagen. Trugen die Frauen Kapuzen oder trugen sie Fellmützen. Niemand hat dich so sehr gehaßt wie sie. Fit und schlank mit Vollkornprodukten. Hier kommen die Hunde. Ein Windstoß stülpt den Regenschirm um. Mehr Geld verdienen mit Aktien. Das tat der guten Laune aber keinen Abbruch. Bei allem Komfort dürft ihr nicht bequem werden. Ein Zelt dient ihnen als Unterschlupf. Der Wackelpudding die Leibspeise ihres Gemahl selig. In den Trümmern glimmen noch die Feuer. Was letztlich zu beweisen war. Aus der Heimat erreicht uns die Mitteilung. Stunde um Stunde vergeht bis schließlich etwas geschieht. Die Klageweiber quieken laut und schreien als seien sie wahnsinnig. Der Damm bricht als eine letzte Barriere. Auf dem Tisch liegt ein Heft aufgeschlagen. Somit fällt jeder Verdacht von ihm ab. Sie muß ihren Senf noch dazugeben. Einen Lolli will der kleine Kerl haben. Ihr Signal wird undeutlicher und undeutlicher. Meine Liebe wieviel Uhr haben wir. Die Grafik wirkt höchst unübersichtlich auf ihn. Was schlägst du demnach vor. Ihm fehlt ein letzter Beweis für die Theorie. Jene Statue hat nichts Besorgniserregendes für sie. Aberwitzige Stunts benehmen ihr den Atem. Ein lauer Herbsttag neigt sich seinem Ende entgegen. Bei der Gelegenheit bewährt sich ein noch junger Mann. Die Zeder steht weithin sichtbar auf einem Hügel. Bor und Selen zwei Nichtmetalle. Ein Kavalier alter Schule. Was für eine Situationskomik. Sicher schien ihr der Ausgang des Kampfes nicht. Bei Licht besehen ein billiger Taschenspielertrick. Der Mullah betet in der Moschee. Sie spuckt die Kirschkerne weit von sich. Nieder mit dem Schweinesystem. Denkbar knappes Ergebnis nicht wahr. Damit hat er aber auch gar nichts zu schaffen. Oder war das nur ein Versehen gewesen. Schließ die Fenster und zieh die Gardine vor. Ich habe noch eine Bemerkung zu machen. Prasselnd fallen Pahlerbsen zu Boden. Auf der Matratze schläft ein neugeborenes Kind. Unter allen Arschlöchern bist du zweifelsohne das größte. Der Bienenhonig schmeckt auch dem Meister Petz gut. Von dem Hibiskus braut sie sich einen sehr kurios duftenden Tee. Auf dem Boulevard fand die Militärparade statt. An den Profit hat sie zuletzt gedacht. Das Miauen der Katze läßt sie ihre Contenance verlieren. Wilder Wein rankt das Mauerwerk hoch. Über den Hochöfen der Stadt geht erneut die Sonne auf. Der Zahnarzt fuhrwerkt mit metallenem Gerät in den Mündern Leidender herum. Der Leguan harrt beinahe reglos aus. Selten zuvor war ich so enttäuscht von jemand. Dies Mißverständnis war nicht aus der Welt zu schaffen. In den Rettungsbooten schlafen die zu Tode erschöpften Schiffbrüchigen. Ein Wort noch zu dem Procedere. Die Notiz besagt nicht viel meiner Meinung nach. Auf den Fidschiinseln hast du also Urlaub gemacht dies Jahr. Das ist auch so ein Unding gewesen. Dicke Flocken Schnees fallen auf die Erde herab und schmelzen. Noch sieht man von Erfolg nicht viel. Gestürzte Baumriesen hinderten ein Vorankommen. Die Kippe schnippt er obenhin gegen einen anfahrenden Omnibus. Man verirrt sich in diesem Labyrinth leicht. Zurück zu ihrer Frage vom Anfang. Nebelhornsignal ertönt von der See her. Ich habe die alleinige Verantwortung zu tragen. Die Katastrophe übersteigt menschliches Fassungsvermögen. Ein Fisch schwimmt in dem Bassin umher. Die Chance besteht fort glaube ich. Von den sogenannten Motivfliesen bekomme sie Depressionen. Du kannst dich doch nicht vierteilen. Sie ziehen den Wein hier auf Literflaschen. In Alaska gibt es den großen Grizzly. Ein eher läßliches Vergehen dünkt mich. Stehen sie noch zu dem was sie gesagt haben. Auf Wiederhören ich muß jetzt auflegen. In die Wipfel der Eschen und Ahorne fährt der Wind. Mein Interesse gilt den mit Schallgeschwindigkeit fliegenden Jets. Auf der Wahlkampfveranstaltung tritt auch der Generalsekretär der Partei auf. Der positive Bescheid freut sie. Unterwegs verreckt uns aber die Karre. Daraufhin beschließt er abstinent zu leben. Sie ißt die Weinbergschnecke ohne eine Miene zu verziehen. Sekundenlang bebt die Erde in Tokio. Wichtige News erreichen uns via Satellit. Jene Tätigkeit nimmt all seine Kraft in Anspruch. Ihre Augen sagen schlag mich. Unser Kontaktmann bricht jäh den Kontakt ab. Der Barbier von Sevilla eine Oper von Gioacchino Rossini. Dies Verdachtsmoment erhärtete sich später nicht. Urplötzlich schreit er Zetermordio. Bis zu dem Passahfest sind es noch fast sechs Wochen. Sommer Herbst Winter und Frühling die vier Jahreszeiten. Weshalb versuchst du es nicht einmal selbst. Liebe Schülerinnen und Schüler werte Eltern. Eine beinah sternklare Nacht haben wir heute. Da beginnt auch schon das Kesseltreiben. Ist es ein Herr oder ist es eine Dame. Der Staudamm entpuppt sich später als Fata Morgana. Keine weitere Halbwahrheit bzw. Lüge mehr. Rasanter als prophezeit bricht sich die Gentechnik Bahn. Er macht sofort wieder auf dem Absatz kehrt. Der Wurstdarm platzt auf und entläßt seinen Inhalt. Schickt diesen Volltrottel zu mir. Kinder benehmt euch einmal bitte. Der Linienverkehr wird eingestellt werden müssen. Du schenkst den Gerüchten keinen Glauben. Eine Tombola findet im Anschluß daran statt. Der Tarifkonflikt eskaliert laut Agenturmeldung. Chinas Wälder bezaubern Touristen wie Einheimische. Eine Kakophonie ist es für mich. Angst schnürt dir die Kehle zu. Heute nacht sagt sie sei die Nacht. Erich wie geht es deinem Namensvetter. Verdammt noch einmal vergiß es. Wie schön heuer der Rosmarin wieder blüht. Ja du fehlst mir schon jetzt. Zuviel Cognac ist nicht eigentlich ratsam. Serienkiller und die Sexualmoral ein Buchtitel. Das Stadion ist voll von Fans sonnabends. Sehr gut gemacht meine Gratulation. Wieviel Kilo sind es summa summarum. Sie hat nicht bis zum Schluß warten können. Liebe ist nur mehr ein Phantasma. Geben sie Zucker und Milch in den Tee. Mein Vater hat mir ein Holzpferd geschenkt. Es ist in der Tat zum Verrücktwerden. Der Nordost trieb sie auf die offene See. Eine abgehalfterte Schabracke hat er mich geschimpft. Wie Karies bei Erwachsenen entsteht. Uns imponierte ihr Durchhaltevermögen besonders. Komm gib der Mama einen dicken Kuß. Flieg fort kleiner Marienkäfer flieg. Sie mag Eßkastanien Mandeln sowie Nüsse aller Art gern. Der Kartenautomat streikt einmal mehr. Die seelischen Wunden werden kaum je wieder verheilen. Choräle und Motette bringt uns der Knabenchor zu Gehör. Unter dem Haselgebüsch verendet ein Wild stumm. Und auch der Tag geht wie viele zuvor ungenutzt zu Ende. Da wird die Stille von Gekläff zerrissen. Die Nachbarn fachsimpeln schon seit Stunden über Fragen den Dachausbau betreffend. Eine Bark zerschellt an dem Riff. Die Kanaris und Zebrafinken zwitschern vergnügt in ihren Volieren. Auf Serpentinen gewundenen Pfaden gelangt ihr bis hinauf auf den Berg. Saumseligkeit dürfte wohl fehl am Platz sein. Ihr Herr Sohn studiert also Bauingenieur. Der Maitre d'hotel empfiehlt heut einen Tafelspitz an Meerrettichsauce. Wie nie zuvor bedarfst du der Liebe. Eine Kleine Nachtmusik erschallt aus dem Kammermusiksaal. Er empfindet es als Affront. Immer wieder mitspielen immer wieder mitgewinnen. Der Chef muß einmal Tacheles reden. Eine derart hanebüchene Story ist mir bislang nicht untergekommen. Im April Mai nimmt die High-Society hier Quartier. Fassen sie es als Kompliment auf. Die Kritik prallt von ihm wie von einer Wand ab. Sinnentaumel und Enthusiasmus herrschen im Paris der zwanziger Jahre. Der Kunstfehler wird zu vertuschen gesucht. Warmer Himbeersaft fließt über Vanille- und Schokoeiskugeln. Ihre Drohung hing wie ein Damoklesschwert über uns. Machen sie mir ein Angebot. Kriminalautor Bender ist um detailgenaue Schilderung bemüht. Die Neuigkeit versetzt alle in Erstaunen. Ein Herr lüftet seinen Hut zur Begrüßung eines anderen. Du ahnst wohl schon wie sehr mich das interessiert. Stehen sie doch bequem Soldat. Eine schöne Bescherung ist das vielleicht. Für wie deppert halten sie mich. Banner und Standarte knatterten im Wind. Der Pelz des Bibers glänzt silbern. Brände verheeren ein Areal so groß wie Niedersachsen. Sieh einmal an die kecke Maria. Der Platzregen geht wie ein Überfallkommando über uns nieder. Ihre Bedenken teile ich indes nicht. Auf Panflöten zu musizieren ein Verbrechen ist es. Gut möglich ihr Blut gerät dabei in Wallung. Sindbad der Tausendsassa aus den Erzählungen der Frau Scheherezade. Ein Eau-de-toilette-Flacon steht auf der Mahagoniholzkommode. Kannst du mir dies Paradox aufschlüsseln. Seit Tagen nichts als Pralinés Pralinés und noch einmal Pralinés. Schwer realisierbar die einhellige Meinung aller. Danach machst du noch klar Schiff verstanden. Ein Flankenball wie aus dem Lehrbuch. Mich beschäftigt ein Gedanke unablässig. Vermaledeit raunzt du mir zu vermaledeite Situation. Dschingis-Khan Caesar und Attila jeder für sich ein bedeutender Feldherr. Und jetzt das ganze noch einmal von vorn. Du bist mir vielleicht eine Marke. Mit Kondomen beugt ihr der Ansteckungsgefahr vor. Croissants und einen Café au lait gibt es als Zwischendurchimbiß. Nicht ein Zimmer ist mehr frei in den Hotels. Hören sie nicht das Belfern der Hunde. Roma wie Sinti gedachten der ermordeten Angehörigen. Er kann die Streithähne nicht länger besänftigen. Das Medikament hilft bei Herpes den Lippenbläschen. Während die Automobilbranche boomt stagniert der Anlagenbau. Schweinsmedaillons mit Salat und Pommes frites bitte. Die Sieben-Uhr-Nachrichten malen ein eher düsteres Bild der Lage. Nur jetzt nicht nachlassen in eurem Bemühen. Mit einem Ploplaut verpufft die Gasflamme. Der Hauptverkehrsweg Venedigs der Canale grande. Die Schausteller ziehen von Kirmes zu Kirmes das Jahr über. Etwas mehr Respekt vor den Älteren. Der Pistolero kratzt sich seinen Dreitagebart. Die Inflation galoppiert sagt man. Granatsplitter schwirren großen Insekten gleich um unsere Köpfe. Hallihallo wie geht es ihnen heute. Er trennt nütze von unnützen Idioten. Den Panama tief in die Stirn gezogen so kennt ihr mich. Im Schnellrestaurant gegenüber sitzt noch ein Gast am Tresen. Die Mehlschwalbe spuckt ihr Nest quasi zwischen Wand und Sparrengesims. Nicht wahr Darling du beschützt mich. Der Prostatakrebs eine Domäne des Mannes. Die Niagarafälle locken eine Million Besucher an. Der **Kinder**schreck Hotzenplotz stapft durch den tiefverschneiten **Wald**. Die H-Milch erinnert ihn nur entfernt noch an Milch. Sie schneiden mir doch keine Gesichter. Viel gibt es da nicht mehr zu tun. Wie wenn du einmal deinen Mund hieltest. Muß **sie** denn schon zu dem Städtchen hinaus. Er flucht daß **es** **nur** so eine Art ist. Wie mit dem Lineal gezogen. Die Musik mon dieu diese Musik. Alles wird gut verrührt und in eine Kasserolle gegeben. Der Zweifel nagt an ihm ohn Unterlaß. Der Denunziant darf nicht ungestraft davonkommen. Ein Schauer rauht alle Lachen auf. An sie wirst du noch denken müssen. Zarter cremiger Schaum bedeckt das Badewasser ganz. Ein Veteran der US-Army intoniert die Nationalhymne. Der Bottnische Meerbusen gibt einmal mehr Anlaß zu kindischem Gekicher. Im knöchelhohen Gras verrottet Obst körbeweise. Nicht der leiseste Sachverstand trübt ihr Bewußtsein. Schnee von vorgestern mein Lieber lesen sie keine Illustrierte. Die Jugend Hawaiis übt mit Hula-Hoop-Reifen. Nach dem Dessert noch einen schwarzen Mocca. Die Nacht ist frisch schon fast kühl zu nennen. Ein leicht durchschaubarer Schachzug. Kacke Urin und Pipi Fäkalien. Das Foto zeigt ihn mit vor Stolz geschwellter Brust. Aus den Tiefen Papua-Neuguineas gelangt diese Art Frucht zu uns. Ich habe es förmlich riechen können. Eine Rakete verläßt die Startrampe wie zögernd. Das Blut gefriert ihr in den Adern. Der Seifenspender gibt nur ein unschön schmatzendes Geräusch von sich. Die

Schatten wischen eine Wand lang. Geblümtes Hemd kariertes Jackett ich muß sagen alle Achtung. Sie ist was Talent anlangt ohne Konkurrenz. Der Dampfer bringt die ersehnte Fracht indes nicht. Du kannst mich auch noch nach acht Uhr anrufen. Dieser Beschluß ist bindend ja. Auf dem Bikini-Atoll wird die Nacht zum Tag gemacht. Wie lautet die Mehrzahl von Kaktus. Der Eisvogel fliegt fort Zeile eines japanischen Haiku. Hals- und Nackenmuskulatur sind angespannt wie Trosse. Ein Müsli morgens Joghurt und Obst der Saison. Mit knapp einhundert km/h gerätst du in eine Radarfalle. Die Minister des Kabinetts grinsen jovial in Kameras. Ab wann darf ich auf Antwort hoffen. Der große Showdown fand traditionsgemäß mittags statt. Verlassen sie sofort das Appartement. Soja wird zu Tofuquark verarbeitet. Ein Rascheln bereits läßt dich erstarren. Warte nicht extra auf mich. Ein geringer Betrag fehlt in der Wechselgeldkasse. Reggaemusik und Narkotika bringen dich um den Rest Verstand. Sie verhehlt ihr Interesse erst gar nicht. Die Meeresschildkröten fauchen sie aus graurosa Hälsen heraus an. Der Ölkonzern steht auf tönernen Füßen. Schlagartig kommt Bewegung in die Menge. Sie weist mit Nachdruck auf den Nutzen hin. Der Modergeruch weht sie aus niedrigen Katakomben an. Er trägt ein und denselben Lumberjack das ganze Jahr über. Mich laust der Affe du hier. Gecanceled bereits jetzt der Flug Madrid – Sao Paulo. Nichts steht geschrieben nichts Lawrence von Arabien. Wundersame obschon bedrohte Fauna der Tiefsee. Der Fahrer des Überlandbusses sucht vertane Zeit wieder aufzuholen. Das ist noch kein Akt von Sabotage. Sie vermasselt alles mit ihrem losen Mundwerk. Von Trollen denen Butzemännern und eklen Inkuben ist ihre Phantasiewelt bevölkert. Wie wär es mit einem Vergelts Gott. Schon die kleinste Unachtsamkeit löst eine Kettenreaktion aus. Ein lederner Handschuh liegt auf der Hutablage. Ihre Nervosität steigert sich bis ins Extrem. Schnell gewinnt ihr Vorhaben Kontur. Gute Nachricht für alle es schneit. Die Kuhreiher stehen auf blinzelnden Nashörnern. Hinter den Kulissen hebt sofort das Schachern um die Jobs an. Dichter Nebel kriecht über Feld und Flur. Sie ist zu kaputt und zu müde dazu. Ein Mirakel rufst du baß erstaunt aus ein Wunder. Südlich von Rabat die Wüste Sahara. Die Maschinerie des Krieges zermahlt alle Körper. Ein Codewort wie grotesk ist es. Die Art von Diskussion führe ich nicht. Nie mehr Bitumen niemals mehr Styropor. Dein verwirrter Blick verrät mir die Skrupel die du hast. Sie bekommt ein Gewürzbord zum Muttertag geschenkt. Lacktränen ziehen an frischgestrichenen Türrahmen herab. Heißa war das ein Scherzen und ein Lachen. Barmann noch einen Bourbonwhiskey bitte. Von Völlegefühl bis hin zu Sodbrennen reichen die fatalen Folgen des Schlemmens. Zobel züchtet er Rinder und jetzt kommt es Koalabären. Die Calla das Symbol für Tod. Du greifst nach jedem noch so kleinen Strohhalm in Panik. Es ist mir fast schon selbst peinlich. Starallüren das Wort kennt er nicht. Unsere Galaxie dreht sich um noch andere Galaxien. Über dem Festland gelangt das Tief Sue an. Alles scheint nur mehr Wiederholung und Wiederholung zu sein. Tal in dem meine Heimat war. Nicht einmal für ein Lächeln von dir nein. Caramba ein Hasardspieler und Satanskerl ist der Señor Rodriguez. Falls du mich verlassen möchtest verlaß mich heute nacht noch. Die Segel gehißt Wind kommt auf. Der Olivenbaum ist so morsch daß er auseinanderzubrechen droht. Plump hopst ein Hase durch das satte Grün. Habemus Papam dieser Ruf erschallt wie Donnerhall. Mich trifft dein Verrat mitten ins Herz. Trotz der Klavierbegleitung fehlt ihrer Darbietung das gewisse Etwas. Verdruß ja Zorn machten sich unter der Beamtenschaft breit. Die Lavalampe ein Ort sirupartiger Eruptionen. Ihre Nerven liegen blank das merke ich. An einen Abzug war ernsthaft nicht zu denken. Selbst der ansonsten eher mürrisch wirkende Kapo wußte sich nicht wieder einzukriegen vor Lachen. Eine Flasche Metaxa zerplatzt auf den Fliesen des Badezimmers. Berserkerhaft fährst du auf dem Rad den Hang herab. Der Briefträger steckt dir ein Billett unter der Tür hindurch. Das effizienteste Werkzeug des Menschen die Vernunft. Ja du vermutest ganz recht. Ihr makabres Spielchen seh ich mir nicht länger mit an. Es bleibt somit bei dem letzthin Vereinbarten. Sinkende Yen-Kurse beunruhigen niemand wirklich. Der Massenmörder ißt allem Anschein nach die Leichname seiner Opfer. Ihre Tochter hat ein ähnlich melancholisches Temperament wie sie selbst. Ich will der Schützenkönig sein. Seit wann werden Befehle hier diskutiert. Die Schauspielerin zittert vor ihrem Auftritt. Er will noch rasch vollendete Tatsachen schaffen. Stangenbrot und einen Bund Spargel trägst du in dem Einkaufskorb nach Hause. Bis das offenbar wird gehen Jahre in das Land. Ihr Schwanken macht alle tendenziell handlungsunfähig. Ein Rechtsanwalt durchforstet das Paragraphendickicht nach etwaigen Schlupflöchern. Der Wapitihirsch steckt bis zum Bauch fest im Schnee. Liebe Genossen und Genossinnen ich will die Kehrtwende jetzt herbeiführen. Auf der A7 zwischen Kassel und Neu-Ulm kommt es zu einem Stau von mehreren Kilometern Länge. Die Windböe hebt nicht ohne Nonchalance die Röcke der Damenwelt hoch. Ihre Provokation ignorieren sie schlicht nicht zur Kenntnis nehmen. Um die Person des Kardinals rankt sich ein Gerücht um das andere. Viel scheint indes auf ein Remis hinzudeuten. Gnade noch möchte ich nicht sterben. Sie setzt Astern und Gladiolen in die Rabatte am Kiesweg. Die Hand vor den Mund wenn du gähnen mußt. Ob er Kenntnis hiervon gehabt und ab wann ist nicht mehr klar ersichtlich. Ihre Effekthascherei macht mich meschugge sie bringt mich schier zur Weißglut. Die Rolläden herablassen der Diavortrag beginnt. Nie auch nur für kurz dein Ziel aus den Augen verlieren. Ich habe es dir noch sagen wollen. Mißwirtschaft dieser Vorwurf steht einmal im Raum. Selbst ein Gottkaiser stirbt wenn seine Zeit gekommen ist. Nacht die wie Teer durch die Baumkronen herabsickert. Doch ich habe auch etwas anderes gehört. Sie stammt von einer Insel vor der Ostküste ab. Die Athleten Schwarzafrikas machten den Sieg einmal mehr unter sich aus. Ihre Situation schien vertrackter mit jedem weiteren Tag. Ein Gedanke der dir sattsam vertraut war. Der Nachmittag zieht sich wie Kaugummi bei Knabbergebäck und Fernsehen hin. Alle obsoleten Wahrheiten über Bord werfen die Losung. Ihr Fahrlehrer sucht verbissen relaxed zu wirken. Fesselnder als jeder Spionagethriller die Realität in Marrakech. Schnee fällt herab wie lange hat er darauf gewartet. Vom Frauenarzt in Vollnarkose vergewaltigt. Der Sumo-Ringer wirft eine Handvoll Salz in den Ring. Sie muß sich zu Klängen aus der Karibik einfach in den Hüften wiegen. Gute Verlierer ein Widerspruch eo ipso. Die Boutique ein Treffpunkt für Modebewußte. Der Wunschtraum jedes knebelbärtigen Päderasten ein Oldtimermobil. Fakt jedoch ihr Name steht unter dem Vertrag. Der Herr Gott Zebaoth zerbricht den Stab über seinem Volk. Der Magnet wirkt auf Eisenspan anziehend. In der Terrakottaschale schwimmen gelbe und weiße Rosen in Milch. Blöd grimassierende Dämonen hocken auf unmerklich abbröckelnden Gesimsen alter Basiliken. Dein Wort hat stets noch Gewicht bei ihm gehabt. Was nicht heißt daß du erneut der Gelackmeierte bist. Die Rettung an derart große Strapazen gewöhnt gewesen zu sein. Schnell war noch nie auch wirklich schnell genug. Sie trägt champagnerfarbene Dessous unter einem Hauch von Négligé. Kann ich davon Kopien bekommen. In unmittelbarer Nachbarschaft geschieht das Kapitalverbrechen. Ein Sandsturm läßt die Karawane in relativer Auflösung zurück. Der Zeppelin schwebt über dem Vulkan Vesuv. Jene Prophezeiung erfüllt sich somit. Die Kraniche ziehen gegen den noch fernen Süden hin. Ich pflücke Kirschen für einen Kuchen. Stumme Zeugen längst vergangener Jahrhunderte sagst du plötzlich. Eine Art Fluch lastet schwer auf ihrer Seele bildlich gesprochen. Ohne zu zögern überschreitet unser Trupp die Datumsgrenze. Auf ein frohes und gesundes neues Jahr. Sie läßt milde Frühlingsluft tief in ihre Lungen eindringen. Karneval in den Städten am Rhein herrschen Idiotie und Rinderwahnsinn. Beachtenswert auch wie glatt letzten Endes alles lief. Gut für dich weniger gut für mich. Es ist auf die Minute genau halb sieben Uhr. Demnach wirst du nicht wieder kandidieren. Ein Nachtflugverbot das von keiner Partei auch wirklich eingehalten wird. Gleiches gilt für den gesamten Bereich des Telebanking. Ihr Klima ändert sich rasant. Die Sektenmitglieder tragen Terror in sämtliche Metropolen Südostasiens. Daraufhin ergeht lapidar Befehl alle Mann von Bord. Ein Scherz etwas über das ich lachen kann. Die Oboe ein Holz- und kein Blechblasin-

strument. Mit hellen Tremolos begrüßt das Kind seinen Stuhl-
gang. Schlachtvieh das wie apathisch den stumpfen Schlag
des Hammers erwartet. Sechs Komma null Punkte auf der
nach oben offenen Richter-Skala. Ihr Metier gezielt falsche
Informationen zu verbreiten. Die Schlange am Busen eine
Metapher. Von allen Passagieren verlassen liegt der Bus-
bahnhof im grellen Neonschein einer Großstadt. Falscher
Alarm wie so oft in letzter Zeit. Der Pfahlbau gilt Experten
wie Laien als einzig. Ein Gartenzwerg das Muß für jeden
Schrebergärtner. Ihr Patron Helfer und Fürbitter in der Not
der heilige Ignaz von Loyola. Mit Hilfe des Kompasses be-
stimmst du routiniert die Himmelsrichtung. Die Boulevard-
presse schreibt Falsches und Unwahres. Wassertreten der
Rekonvaleszenten täglich Geschäft. Vor Ort herrscht dann
das erwartete Chaos und Durcheinander. Der Kalender zeigt
ein Jahr vor seiner Geburt an. Streng verboten das Füttern
der wilden Tiere. Rings um ihren Mund noch Saftreste von
violettschwarzen Brombeeren. Das Stromaggregat gibt jetzt
ausgerechnet jetzt seinen Geist auf. Wie sich Stück für Stück
fast von selbst zu einem Ganzen fügt. Das ist kein Roman
sondern Dreck. Und jetzt noch eines dieser phantastischen
Pfefferminzbonbons. Im Foyer der Universität drängen sich
die Erstsemesterstudenten. Etwas Seltsames geschieht mit
uns während dieser Nacht. Noch Wochen nach Einsende-
schluß Zuschriften en masse. Ein Sturm zieht auf das Zeichen für sie zur Umkehr. Man erwartet ein kleines Wunder
von mir voilà. In Japan ist alles anders als bei uns. Ein Stück
Schokolade leicht auf der Zunge zergehen lassen. Es bedarf
wenig um glücklich zu sein. Die Siamkatze die Aristokratin
unter den Katzen. Ohne erkennbares Gefühl von Scham blät-
terst du in den Diarien eben erst Verstorbener herum. Natürlich höre ich dir zu Schatz. Blaß und unrasiert empfängt dich
ein Herr von der Botschaft. Sie soll hochleben dreimal hoch.
Die Röschen des Blumenkohls waschen und in etwas Salz-
wasser bißfest garen. Scheu fast zögerlich öffnen sich Blüten-
kelche morgens. Ihr Nüsseknacken löst einen beinah ocker-
gelb zu nennenden Erinnerungsschub bei ihm aus. In dem
Wald wird Holz geschlagen. Druck und Wassertiefe verhalten

sich annähernd proportional zueinander. Ihr Erfolgsrezept die Gemengelage aus Akrobatik und Clownerie. Niemand vermag das mehr ernsthaft zu verstehen. Der Alphawolf plagt sich mit halbstarken Artgenossen herum. Sie liegt der Länge nach ausgestreckt auf ihrer abgewetzten Chaiselongue. Das Kartellamt verbietet die Fusion von zwei und mehr Branchenriesen. Dein Killerinstinkt kotzt mich an er kotzt mich an. Die Sektkorken platzen nur so aus ihren Flaschenhälsen heraus. Der Bahnschaffner trägt sein Kursbuch wie ein Herrentäschchen am Handgelenk. Die Sonne versinkt im Meer auf Nimmerwiedersehen könnte man mutmaßen. Keine Milde mehr Kredit wird nicht gewährt. Wir sehen uns wieder in der Hölle Amigo. Das bringt das Faß jetzt zum Überlaufen. Ein Blick sagt mehr aus als tausend Wörter aussagen können. Per Anhalter durch die Sowjetrepubliken Zentralasiens reisen. Am Ende des Spiels werden die Karten neu gemischt. Die Salami zusammen mit lilafarbenen Feigenvaginas zu einem Stilleben arrangiert. Der Stier sieht das Blut das in den geharkten Sand der Arena sickert. Das Wort eines Mannes zählt bei den Skipetaren noch etwas. Jetzt rächt sich bitter jedes Versäumnis das in der Planungsphase begangen wurde. Nichts deutet indes auf einen lediglich fingierten Suizid hin. Ich nehme einen Aperitif vor dem Essen wie steht es mit dir. Es ist einfach immerzu nur zu kritikastern und zu kritikastern. An den Wänden ringsum hingen die prächtigsten Guirlanden.

einige sätze zu texten

einige sätze zu texten. ein text ist ein muster von vokalen. ein konglomerat sog. hub-, schub- und zugkräfte ist ein text; die spannung, den druck unterhalb der semantischen fassade nennen wir «den text». klang, rhythmus, geschwindigkeit und dichte, die farbe, div. tonlagen etc. werden mit hilfe von vektoren, kleinen «simplen pfeilen» dargestellt. definiert durch a.) ihren angriffspunkt, b.) ihren betrag und c.) schließlich durch ihre richtung, sind sie zu unentbehrlichen helfern bei der handhabung **gerichteter größen** geworden. lokale verschiebungen im kräfteverhältnis eines textes – das abändern, wegnehmen oder hinzufügen eines wortes, eines satzes, eines satz-clusters oder satz-blocks – sind stets mit globalen verwehungen, «immensen kettenreaktionen» innerhalb des gesamtgefüges verbunden. dinge, text-partikel bewegen sich permanent gegenseitig. stabilität = eine illusion. je näher wir dieser illusion kommen, desto vager, verschwommener wird ein text. wir nähern uns diesem text an, wir glauben ihm näher und nah zu kommen, und er verschwimmt. erst am rand, an den rändern dann ganz. er ist verschwunden. der text, den wir eben noch sahen, ist nun nicht mehr zu sehen. wir beenden diesen text, wir brechen ihn ab, bei ca. 80-82% brechen wir diesen text ab, wir beenden ihn nicht. kopf & text sowohl/als auch text & kopf sind nicht mehr voneinander zu trennen. stöße von papier, stapel von papier links und rechts von uns. allerlei text-modifikationen, hunderte versionen, die sich nur geringfügig, in kleinen details voneinander unterscheiden wir beginnen einen neuen text. text und papiermenge – das schwant uns – verhalten sich (annähernd) **umgekehrt proportional** zueinander. während ein text sich quasi ins infinitesimale, i.e. deutlich gegen 0 bewegt, tendiert die «menge des zur herstellung dieses textes benötigten papieres deutlich gegen ∞». semantik hat keine bedeutung. die wörter, sätze, satz-cluster und blöcke von sätzen müssen schlicht **zueinander passen**. schnittflächen zwischen den verschiedenen text-entitäten sind zwar theoretisch, in der praxis aber nicht sichtbar; mit dem bloßen, dem unbewaffneten auge nicht. zwischen satz und satz-cluster «paßt kein blatt papier mehr», wernher von braun. vor dem schnitt/und nach dem schnitt «gibt es nicht». es gibt keine montage, den collagenhaften text nicht. die voneinander unterscheidbaren wirklichkeitsebenen, *die nach rein formalen gesichtspunkten zusammengefügt* (werden könnten), *um einen* —→ *verfremdungseffekt zu erzielen (brecht), eine neue totalität zu erreichen (benn) oder einfach* (nur um) *zu schockieren (*—→ *dadaismus)* «gibt es nicht». es gibt eine sprache, sie verläuft **linear**. der tibeter dalai lama sagt alles ist 1. nun ja, der tibeter dalai lama. manchmal gelangen auch texte von fast kristalliner, wasserklarer molekül-struktur an die erdoberfläche. geruchs- und geschmacksneutral sind sie nicht nur sanfter zur haut, sondern «ähnelt ihr verhalten in manchen belangen den physikalischen gesetzen von flüssigem», wasser. minimalismus pur, schlicht. gefrierpunkt und siedepunkt, verwirbelung – rechtsherum, im uhrzeigersinn auf südlicher halbkugel, linksherum, gegen den uhrzeigersinn auf nördlicher halbkugel – sogbildung, anströmverhalten, oberflächenspannung etc: die von wasser. schnippt man jedoch mit ring- und zeigefinger dagegen, leuchten sie zuweilen tiefblau im dunkeln und summen leis. die romantik steckt eben noch tief in den genen, den mustern der aminosäuren. text = immer auch gen-engineering. das an-denken, um-setzen ganzer genome, sätze von genen. text und leser/in: eine beinah natürliche feindschaft besteht zwischen diesen. ein wort, die wörter an sich haben ihre je eigene, spezifische **innere spannung**; ein kraftfeld, das sich verändert, umkehrt, abschwächt kurzum: einen anderen wert annimmt, bringt man es in den wirkbereich, die nähe von kraftfeldern anderer wörter. ein satz, die sätze an sich haben ihre je eigene, **komplexe** spezifische innere spannung. satz-cluster, blöcke von sätzen siehe oben. so ist das hier eben, das nicht immer einfache leben auf text-oberflächen. das ist das leben der seeanemonen. *das ist das leben der putzkolonnenführer ja das ist das leben der straßenräuber streckenarbeiter etcetera ja. früher war alles genauso wie heute. so laßt uns den abend denn sprachlos erwarten. der mond ist ganz lautlos über den hügeln erschienen. ich warte auf dich jetzt und wenn es*

zeit wird zu gehen. ich gehe am morgen durch die straßen
fort. ein hund hört mich schreien er beginnt zu bellen. ein
mann wird in fesseln fortgeführt, kennst du die stelle. ich
kenne die uhrzeit das jahr und den ort kenne ich. ich kenne
die stimmen nicht und die gesichter erkenne ich nicht. die
hände seh ich nicht vor augen so war das. der schatten zog
mühsam vorüber er zog mühsam vorüber ja. die platanen
standen im zwielicht am abend, der morgen bricht hier sehr
früh an wir warten. der nebel lichtet sich nein welches
grauen. welches naturschauspiel sagen wir welches ereignis
wie herrlich. stumpfsinn und frohsinn, fröhliche urständ wie
sagt man. man sagt – vertraulich in dunklere tonlagen spie-
lend: schreiben wir nicht alle «irgendwo» an dem einen und
selben, dem «einen großen text» – in ein und dasselbe große quart-heft hinein :-). die wahrheit zu sagen, müßte ich
lügen, behauptete ich ja, es ist so (wie sie sagen), und nicht
anders. fehlt mir doch **jetzt schon** schlicht die zeit für einen zweiten, größeren oder kleineren text. bin ich vielmehr
schon jetzt *oft gezwungen, die tägliche text-aufgabe zu*
***vollkommener unzeit** für kurze, tatsächlich die kürzesten*
aufenthalte im freien zu unterbrechen, während derer ich
meine notdurft im stehen verrichte und weiter: *ein text*
wälzt sich ähnlich seinem nächsten verwandten, dem licht,
keineswegs nur in spiralen – bitte! herrschaften: das geht
alles von ihrer zeit ab – sondern in ganz normalen wellen,
*also **bogenförmig** durch raum & zeit fort.* tonwelle, licht-
welle: eine medaille/aber zwei seiten. lediglich verschiedene
rezeptoren an dem körper des menschen scheiden jene in
diese, nicht umgekehrt. text & ton: manchmal sind sie wie
zwei junge hunde, während sie herumtollen! lappen an
manchen tagen auch recht unsauber, nach flächenart wohl,
übereinander; die eine (fläche) hebt da die andere (fläche)
hoch, und «heben sich beide (flächen) für kurze augenblik-
ke», sozusagen **punktuell** auf. oder sie verschieben sich
gegeneinander, das ist nur ein beispiel. wir sprechen von
phase, in anderen zusammenhängen sprechen wir von **phase**, und meinen hier: den schwingungszustand eines textes
oder einer text-welle an einem bestimmten punkt x zu

einem bestimmten zeitpunkt y. erst **phasenverschoben** – das ist die crux – wird «ein schuh draus», ein zupfen am rockschoß. ein ca. 2-jähriges mädchen zupft mich am rockschoß – es ist meine tochter anouk – fragt *papa, was sind habster.* (ich hab keine ahnung.) antwortet *bärchen, vögel, lampen und frauen* – in dieser reihenfolge. hätten sie es gewußt; gewußt, *daß es nachts manchmal einsetzt ganz leise zu regnen zu schauern ganz stiekum und hintenherum sie verstehen mich. nachts in den wäldern auf weiter flur in den ebenen den savannen (...)*

172/173   Ulrich Schlotmann

Manos Tsangaris

Ein Jahr in sechsundzwanzig Phasen

)
(
)
(
)
(
)
(
)
(
)
(
)
(
)
(
)
(
)
(
)
(
)
(
)
(

In einem Jahr mit dreizehn Monden

(Ab und Zu)

) ? (

Was kann denn der Mond dafür, wenn ich nicht schlafen kann!

) VOLL (

) ( ) ( ) ( ) ( ) ( ) ( ) ( ) ( ) ( ) ( ) (

Der Mann im Mond ist irritiert, wohin das Ab und Zu ihn führt.

)

(

)

(

(

)

Drei Phasen

```
)   (
     )   (
          )   (
               )   (
                    )   (
                         )   (
                              )   (
```

Nach sieben Monden sehen wir uns wieder

(NEU)

) (

SELENE, ARTEMIS, HEKATE, DIANA, LUNA
ALLES ZUGLEICH UND EINS NACH DEM ANDERN

) (

) (

) (

) (

) (

) (

) .

Gut ein halbes Jahr

) (

) (

) (

Ein Sommer auf dem Lande

Bewölkt

(?

    !   )

              (

)   –

Denn selbst die Zirbeldrüse irrt, wenn sie das Ab und Zu verwirrt.

) (

Ein Zyklus

) (
) (
) (
) (
) (
) (
) (
) (
) (
) (

A Year from Monday

( )

Schwarzmond

```
                    ) (
                  ) (
                ) (
              ) (
            ) (
          ) (
        ) (
```

Auch für Kälber...

)...

dreiviertel voll

```
)  (
     )  (
          )  (
               )  (
                    )  (
                         )  (
                              )  (
                                   )  (
                                        )  (
                                             )  (
                                                  )  (
                                                       )  (
                                                            )  (
```

Sechsundzwanzig Phasen über Bergneustadt

) (

Kein Weißmond

)!(

Endymion schläft. Selene wacht.

) ? (

Was kann denn der Mond dafür,
wenn ich nicht schlafen kann!

Ebbe
Flut
Ebbe
Flut
Ebbe

Flut

Ebbe
Flut
Ebbe
Flut
Ebbe
Flut
Ebbe
Flut
Ebbe
Flut
Ebbe
Flut
Ebbe
Flut
Ebbe
Flut
Ebbe
Flut
Ebbe
Flut
Ebbe
Flut
Ebbe
Flut
Ebbe
Flut
Ebbe
Flut
Ebbe
Flut
Ebbe
Flut
Ebbe
Flut
Ebbe
Flut
Ebbe
Flut

EIN MONAT MIT SPRINGFLUT

)

Vierzehn Tage

(

Die anderen vierzehn Tage

```
)  (
   )  (
      )  (
         )  (
            )  (
               )  (
                  )  (
                     )  (
                        )  (
                           )  (
                              )  (
)  (
   )  (
      )  (
         )  (
            )  (
               )  (
                  )  (
                     )  (
                        )  (
                           )  (
                              )  (
```

Und das andere Jahr...

Erinnerungssysteme

Gespräch mit Manos Tsangaris
Köln, Juni 1999

Engeler: Ein Kennzeichen deiner Arbeit, Manos, scheint mir, daß Du versuchst, aus der Verwendung von wenigen Elementen oder sogar nur aus einem einzigen Element einen maximalen Gewinn zu ziehen. Damit erreichst Du eine interessante Spannung: durch seine konsequente Entwicklung einerseits hat es etwas Stures, Festgeschriebenes, und durch das Spielerische, sein Ausspielen kann es andererseits seine Regelhaftigkeit, auch seinen Ernst verlieren, sogar zum Kalauer werden.

Tsangaris: Dafür sind die *Mondphasen* tatsächlich ein prägnantes Beispiel, prägnant im ursprünglichen Sinn, also schwanger, nicht zuletzt dadurch, daß es sich so wunderbar reduzieren, zurückführen läßt. Bei mir ist es ja so, daß ich in Bezug zu den unterschiedlichen Sprachmedien, mit denen ich umgehe, je nachdem wann und wie ich damit umgehe, auch einen unterschiedlichen Angang habe. Und bei diesen Sachen, gerade auch bei diesen Klammerzeichen, die Mondphasen darstellen – das kann man ja mal so sagen, sie sind nach wie vor Zeichen, sie sind keine graphischen Symbole, sondern sie sind Zeichen eines Schriftsystems, wo mit der Analogie des Halbmonds gespielt wird – bei solchen Sachen lausche ich eigentlich nur auf etwas, was in den Dingen schon wohnt. Ich brauchte nur die richtige Aufmerksamkeit zu entdecken, auch in mir.

Engeler: Was die Dichter ja gemeinhin tun. Für die Literatur, die Dichtung, ist das, was sich, auch hier, in diesem Beispiel, mit dem Stichwort Erinnerung verbindet, eine Kernsubstanz. Deshalb ist die Lyrik eine so sehr konservative Kunst: sie bewahrt auf, was ist, damit man es immer wieder haben kann.

Tsangaris: Die Schrift ist auch ein Erinnerungssystem, wie die Musik.

Engeler: Das Erinnerungssystem Schrift ist nur die eine Seite von dem, worauf ich hinaus will. Die andere Seite ist die, daß die Poesie auch inhaltlich ein Erinnerungssystem ist, und das in einem ganz anderen Sinn, als es Sprache zum Beispiel jetzt ist, währenddem wir miteinander sprechen, und wahrscheinlich auch noch einmal in einem anderen Sinne als etwa Romane es sind. Kann Musik in diesem poetischen Sinne ein Erinnerungssystem sein?

Tsangaris: Das Erinnerungssystem, als plastisches System, ist in der europäischen Musiktradition die Partitur. Damit fängt aber das soziale Erinnerungssystem natürlich an, was es zur jeweiligen Zeit für Texttreue hält. Texttreue ist ja im europäischen Musikdenken, mit seiner Trennung von Komponist, Interpret und Hörer, ein großes Thema. Beethoven zum Beispiel, über den wir vorhin gesprochen haben, bevor das Band lief, und den ich für den ersten modernen Komponisten halte, war der erste, der für die zeitliche Wahrnehmung das Erinnerungssystem, sogar die Maschine von Menzel, das Metronom, verwendete hatte. Er war der erste, der seine Stücke nachgemessen hat in beats per minute, wie das heute bei den Techno-Leuten heißt. Für heutige Interpretationsmaßstäbe hat er unglaublich schnelle tempi angegeben, die heute niemand macht, nur wirkliche Extremisten. Stattdessen wird das alles in die Länge und in die Breite gezogen, damit es einen spätbürgerlichen Gefühlswert treffen kann. Da trat also zum ersten Mal in der Musikgeschichte, was die Tempovorgabe angeht, ein chronometrisches System ein, das Messen von Zeit als Maßgabe für Musik. Vorher war das etwa allegro, fröhlich. Ja, was ist das für ein Tempo? Meine afrikanischen Freunde und Bekannten, mit denen ich improvisiere, haben dagegen ein handliches oder mündliches Erinnerungssystem. Mit Carlos Robalo aus Bissao-Guinea, den ich einmal in einem Musiktheaterstück besetzt habe, das ganz konventionell zu 100 Prozent ausnotiert war, habe ich einmal versucht, die einzelnen Phasen, die ihm quasi auf den Leib geschrieben waren, zu korrepetieren. Da habe ich ganz grundsätzliche Auffassungen von Zeit gespürt in dem Moment, wo wir angefangen haben, diese Partitur zu studieren. Synkopisches Denken,

was den Afrikanern immer als Merkmal ihrer Musik vorge-
halten wird, gibt es bei ihnen nicht. Sie haben kein abstrak-
tes Raster, was durchgeht und in das ich dazwischen gehen
könnte, sondern alle diese Verzahnungs- und Reißverschluß-
praktiken basieren darauf, daß der Punkt in diesem System,
von dem aus du spielst, deine Eins ist, die sich mit den anderen Einsen verknüpft. Jeder ist dann also das Zentrum, während du in der europäischen Musik das Primat des Komponisten hast, der vertreten wird durch den Dirigenten, der die
Zeit gibt und alle haben sich einzufinden. Das ist was ganz
anderes, als wenn in einer Sozietät jeder die Eins ist und jeder das Zentrum hat, auch wenn er nur begleitet. Du bist als
Mensch ganz anders vorhanden. Das ist auch eine Art des
Erinnerns.

Engeler: Das bekommt dann natürlich auch eine andere
Präsenz, eine Überlagerung von mehreren Gegenwarten,
was noch einmal etwas anderes ist als Gleichzeitigkeit.

Tsangaris: Selbander, miteinander, wie hier bei unserem
Gespräch jetzt. Die Mitte liegt irgendwo zwischen uns. Du,
wie Du jetzt dasitzt, bist der Mittelpunkt des Universums.
Und wenn wir jetzt mal diese ganzen neumodischen Fragen
nach neuronalen Netzen und Systemen nehmen – wo sitzt
das Bewußtsein? –, dann ist das für mich auf einem Niveau
des Mittelalters, wo es Fälle gab, in denen Menschen einge-
schlossen wurden in Fässern, man hat gewartet, bis sie ge-
storben sind, und dann hat man ein Loch gemacht, um zu
sehen, wie die Seele auspfeift. So kommt mir das vor. Zum
Jahreswechsel gab es ein ZEIT-Magazin zur Frage, wie stellen sich Futurologen und Designer den Menschen des dritten Jahrtausend vor: da waren nur Leute, die auf nichts anderes aus sind als auf Technologien, die mit dem Menschen
eine Symbiose eingehen, also die ganzen Horrorszenarien
mit Menschen als androgyne Wesen, die eine Kamera auf
der Schulter tragen und einen Chip im Hirn. Nicht einer kam
auf den Gedanken, über das Bewußtsein selbst, also über
das, womit wir ein Vakuum herstellen können, wo Stille in

uns entsteht, wo schöpferische Prozesse stattfinden, die für uns selber ja ein Mysterium sind, darüber einmal nachzudenken. Wenn es so weiter geht, dann brauchen wir wirklich noch fünfzigtausend Jahre, bis sich im allgemeinen Bewußtsein irgend etwas auch nur um einen Millimeter bewegt. Wir sind hier noch immer in medias res, denn es geht um Fragen des Bewußtseins und der jeweiligen Sprachsysteme, in denen wir uns befinden, und wie diese sich zueinander verhalten. Die Sprachen schaffen in uns ein Sprachrelief. Das, was da Ich sagt, das hat eine Grammatik, und wenn es wirklich «Ich» sagt, dann ist es eine Sprachgrammatik, die Spitze eines unglaublichen Eisbergs. Ich zum Beispiel bin ein Mensch, der Melodien und Rhythmen in seinem Kopf hat, also gibt es bei mir auch dieses Sprachrelief noch. Ich glaube, bei uns allen ist es ein sehr vielfältiges Sprachrelief, ein Relief der Sprachen, der Sprachmedien, das schließlich dazu führt, daß wir uns der Illusion des Ichs überhaupt hingeben. Es ist ein buddhistischer Gedanke, und ich hänge ihm nach vielen Jahren auch an: Das Ich ist eine Illusion.

Engeler: Jetzt muß ich schauen, ob ich von hier weg wieder einen Bogen zu Deiner Arbeit schlagen kann. Aber wenn Du's schon sagst, von wegen Ich und mehreren Grammatiken, die da zusammenkommen: Kannst Du sagen, wie das mit der Sprache und was Du darin machst und der Musik und was Du in ihr machst zusammenhängt? Wir haben ja einmal darüber gesprochen, daß es Dinge gibt, die Du in der Sprache nicht machst, die andere, weil sie keine Musik spielen, in der Sprache machen würden, eben weil sie bei Dir in der Musik vorkommen. Das muß also notwendigerweise zu einer andern Literatur führen.

Tsangaris: Ich muß auch da ganz praktisch von der Übung ausgehen. Übung bedeutet Wiederholung im alltäglichen Leben. Und wenn ich seit ungefähr 25 Jahren täglich einen Text schreibe, indem ich ein Journal führe, und eigentlich auch einen Text immer weiter schreibe, dann ist das zunächst mal für sich ein Binnenbereich, der für seine Existenz und seine Existenzberechtigung stehen können muß. Es soll also eben nicht, um das mal negativ zu formulieren, ein Kompensationsmechanismus sein: Das, was ich in der Musik nicht schaffe, mache ich dann halt in den Texten, und das, was ich in den Texten nicht schaffe, in der Musik. Ich will also, gerade weil ich synkretisierende Arbeiten auch mache, wo dann alles verschmilzt, eben zum Beispiel Musiktheater oder Sachen mit Text und Trommelei, zumindest für mich das Bewußtsein herstellen und erhalten, was sich wo wie befindet und wo es jeweils hingehört. Das ist übrigens auch innerhalb des musikalischen Bereichs so: tagsüber kann ich schreiben und überlegen und die Leeren herstellen, und nachts improvisiere ich halt und stelle eine andere Leere her, was meist eine rhythmisch-metrisch-pythagoräische Trommel-improvisation ist, die sehr streng gesetzmäßig funktioniert.

Engeler: Kannst Du an dieser Stelle einmal erklären, wie das funktioniert, also ein Stück wie *Zwölfer*? Ich habe den Eindruck, dieses Stück hat viel mit der Eins, über die wir vorhin gesprochen haben, zu tun.

Tsangaris: Ganz genau. Dadurch, daß wir da mit samples und delays gearbeitet haben, hat man das Empfinden einer Eins. Gemacht ist es als Reißverschlußsystem mit erst mal drei gleichberechtigten Einsen miteinander. Die Hauptspuren, aus denen das ganze Ding gebaut ist – ich habe ja drei Mal gespielt – gehen immer aus von der jeweiligen Eins eines Dreiers mit den Tempo-Oktavierungen. Das bedeutet, daß sich auch in den schnellsten Dopplungen, die da stattfinden, also selbst in der Doppeloktave des Tempos, von dem ich ausgegangen bin, nie irgendwas mit den anderen Einsen und dem, was sich da entwickelt, überlappen wird. Wenn man das aufzeichnen würde, müßte man eigentlich einen plastischen Körper gestalten, den man von drei Aspekten aus sehen kann – eine Pyramide, die man jeweils von einer Seite aus sieht, so daß die andern Ecken in einem perfekten Abstand sich befinden. Aber diese Musik könnte ich nie aufschreiben. Wenn man das zu dritt spielt, was ich auch schon mit meinen Sparringspartnern gemacht habe, dann bist Du in dem Moment, wo Du Dich auf eine andere Eins konzentrierst, also dich verlierst und dein Zentrum verläßt, da bist Du dann tatsächlich verloren. Ich bin ausnahmsweise froh darüber, daß es hier in diesem Fall zu einer Veröffentlichung einer CD und eines Textes kommt. Allgemein politisch gesehen bin ich ein Feind von crossover, weil ich denke, daß alle Farben zusammenmischen einfach Grau ergibt, ich bin aber ein großer Freund von korrespondierender Diversität. Es gibt diesen Satz, den Carlos Robalo sehr gerne zitiert und den er in Los Angeles in großen Lettern über einer Unity Church geschrieben sah: unity – true diversity. Der Toleranzbegriff in Europa ist ja mit das schlimmste, was es gibt. Das Falscheste, was wir tun können, ist zu sagen: Ach ja, die Türken und Kurden und Perser hier in der Weidengasse sind ja alles Leute wie du und ich. Also so eine Weichzeichner-Integration, die keine ist. Wir müssen ganz klar sagen: diese Leute kommen aus einem andern Kulturkreis, und klar überwiegen die Gleichheiten zwischen Menschen generell, stehen wir alle am Morgen auf und müssen essen und trinken, aber sie sind doch ganz anders als wir und haben andere Voraussetzungen. Wenn ich das nicht respektieren und auch in mir akzeptieren kann, daß es da Grenzen und Gräben in uns gibt, die wir nie überspringen können, und daß wir diese Menschen deshalb trotzdem oder erst recht lieben können, erst dann haben wir eine Chance, in einer integrativen Gesellschaft zu leben. Integration und Differenzierung ist etwas, was sich in einer dialektischen Weise bedingt.

Engeler: Eine Sache, die mich in diesem Zusammenhang interessiert: Man redet in der Lyrik meist in einer unheimlich allgemeinen Weise von der Musikalität der Sprache. Das ist ja auch eine Art Begriffs-crossover, den man da herstellt. Wie hört sich das für dein Ohr an?

Tsangaris: Für mich ist das selbstverständlich. Ausnahmsweise muß ich auf den etymologischen Aspekt hinweisen, daß *musiké* im Altgriechischen und grob übersetzt der Klangleib der Sprache war. Es ist also eigentlich kein crossover, sondern da ist noch etwas zusammen, was zusammen gehört.

Engeler: Eigentlich ist das eine Verdoppelung, Musikalität der Sprache.

Tsangaris: Eine Verdoppelung, ja. Der Klangleib der Sprache ist ja evident, zumindest, wenn sie gesprochen ist, wobei der innere Mund auch dann spricht, wenn wir etwas still lesen.

Engeler: Aber, jetzt, Ketzerfrage: Wenn man deine *Mondphasen* liest, ist das nichts fürs Ohr, sondern es ist etwas fürs Auge.

Tsangaris: Das merkwürdige ist, glaube ich, daß es dazwischen ist, und das ist, was mich daran interessiert. Darin hast du recht: es ist kein Vorlesetext, es ist Printtext. Darüber müßte ich mal nachdenken.

Engeler: Gut, wir müssen hier vielleicht mal für diejenigen Leute, die dich als Autor nicht kennen, sagen: Die *Mondphasen* sind nicht der Normalfall für Manos Tsangaris als Autor, im Gegenteil. Normal geschriebene, sogar konventionell, man kann schon fast sagen: arg semantisch geschriebene kleine Prosastücke oder Gedichte sind der Normalfall.

Tsangaris: Für mich ist das hier was Neues. Wenn man ganz von außen, als Literaturwissenschaftler, drauf guckt, würde man sagen, die *Mondphasen* haben einen Bezug zur Konkreten Poesie durch den lettristischen Aspekt, weil das Zeichen eben eine andere Funktion bekommt als die Klammer in ihrer üblichen Verwendung.

Engeler: Stört Dich der Bezug zur Konkreten Poesie?

Tsangaris: Ich will mal so sagen: Diese Dinge entwickeln sich, ich lausche in sie hinein, und dann kommt sowas dabei raus. Konkrete oder lettristische Poesie ist im Moment ja nicht gerade angesagt, im Gegenteil, sie ist eine dieser typischen Vehikel der Experimentalentwicklung der 50er, 60er Jahre, und irgendwann war für uns der Apfel mit dem Wurm dann tatsächlich auch gegessen. In der Schule habe ich das ja als was Superneues verkauft bekommen. Ich glaube, kaum einer von uns hat sich in dieser Form noch ernsthaft damit beschäftigt. Wer sich dann typischerweise wieder damit beschäftigt, ist die Werbung. Aber als sich diese Arbeit dann so ausspindelte innerhalb von zwei, drei Tagen, war das dann auch genug, mehr möchte ich erstmal gar nicht machen und brauch das auch nicht. Ich empfinde die *Mondphasen* als sehr selbstverständlich und von solchen Dingen losgelöst zugleich. Daß es da vor dreissig Jahren Leute gab, die nur so gearbeitet haben, das weiß ich, aber es bekümmert mich nicht.

Engeler: Es geht also weder darum, eine Tradition fortsetzen zu wollen, noch geht es darum, ihr zu widersprechen. Interessant an diesem aktuellen Heft von ZdZ ist, daß es bei verschiedenen der eingeladenen Autoren ein serielles Arbeiten oder Arbeiten in Serien gibt. Wenn ich das so sage, als Satz, dann hört man sofort quasi retromässig irgendwas aus der Geschichte heraufdämmern, aha, das kennen wir doch, Arbeiten in Serie. Bloß: es hat alles nichts mit diesen ganz strengen, schmalbrüstigen, mit wenig Atem vorgetragenen Dingen zu tun. Eine jüngere Generation entdeckt offenbar für sich, was eine Serie sein kann, was da an Spielmöglichkeiten und Lotterleben drin stecken kann. Ich empfinde das als erfrischend.

Tsangaris: Ich glaube schon, daß es so etwas gibt wie Restauration, Rückwärtsgewandtheit, sentimental kitschige Orientierung an irgendwelchen Sprachmodellen, aber bei den Leuten, die ich als redlich und innerlich sauber empfinde, das kann ich jetzt nicht anders sagen, gibt es durchaus sehr stark unterschiedlich Bezüge zur Tradition, unterschiedlich gewachsen und unterschiedlich bewußt, auch zu dem, was man fortschrittlich in welche Richtung auch immer nennen könnte. Ich bin sehr skeptisch gegenüber Leuten, die vom Fortschritt in den Künsten sprechen. Ich halte das für sehr vermessen, auch bei den Lyrikern – Leute, die mit dem Bewußtsein arbeiten, ich bin die Speerspitze des sprachlichen Diskurses. Es gibt da ein natürliches Gleichgewicht, wann plötzlich wirklich ein Quantensprung passiert und ein neuer Sprachraum geschöpft wird oder die Dekonstruktion, die in bestimmten Phasen der Geschichte immer einsetzt, plötzlich wieder eine eigene Qualität besitzt, die eine Konstruktion ermöglicht, also eine Neuverbindung. Mich hat eigentlich immer interessiert, auf dem einfachsten, elementarsten sprachlichen Niveau Verschmelzungsprozesse in Gang zu setzen. Ich muß mal den Begriff des Moiré ins Spiel bringen, den Oswald Egger gerne und sehr oft verwendet und der auch mir einleuchtet, weil er dem entspricht, was ich inneres Relief nenne. Das Moiré kann ja zu sehr unterschiedlichen Resultaten führen. Wenn das was taugt mit den *Mondphasen*, dann deshalb, weil in diesen supereinfachen plastischen Gebilden sehr viele ganz unterschiedliche Hintergrunds- und Umschließungsfolien und -räume aufscheinen. Du hast eben mal vom Kalauer gesprochen: da kann ein Witz entstehen, der sich zündet über die Naivität.

Engeler: Witz ist ja eigentlich immer ein Verschmelzungsprodukt.

Tsangaris: ... von dem, was man vielleicht gar nicht verschmelzen ... darf.

Engeler: Lachen hilft, die Distanzen und Differenzen zu überwinden. Darin liegt der befreiende Moment, im Springen. Ich wußte gar nicht, daß du Oswald Egger kennst.

Tsangaris: Zum ersten Mal hatten wir 1996 zusammen auf

Hombroich gelesen, auf Einladung von Thomas Kling. Seitdem haben wir sporadischen, aber kontinuierlichen Kontakt. Ich hatte die Gelegenheit, ihn hier ins Museum einzuladen. Du kennst ja seine Lesungen: was gern passieren kann ist, daß Oswald lesen soll und daß er beginnt mit einem Begrüßungssatz, der dann einfach mal 15 Minuten dauert, in dem schon so viel Information enthalten ist und Bezug auf die Situation, auf seine Arbeit, auf anwesende Gäste, an die er sich wendet, daß du nach spätestens 35 Sekunden die Ohren zurücklegst und staunst, welche Gratwanderung er macht, zumal er immer noch mal die Stimme kurz hebt und sagt, na?, also so nach dem Motto: ist doch klar, wir haben uns doch verstanden? So daß ich ihn aufgrund dessen einladen wollte zum Thema «Freie Rede», also nicht für eine Lesung, sondern die Bitte war, das zu thematisieren, was er ohnehin tut. Er hat das gerne aufgenommen und sich ein Jahr lang drauf vorbereitet. Also extrem vorbereitet, ein Mixed-Media-Ereignis, mit Lesung, mit Projektionen von Text, von Abbildungen, mit merkwürdigen Lasermaschinen, es war phänomenal. Ein Laboratorium.

Engeler: Jetzt reden wir schon lange. Haben wir fürs erste über alles gesprochen?

Tsangaris: Bevor wir anfingen, wollte ich Dir eigentlich eine Frage stellen: Dieses Kompositum, eine Zeitschrift für Gedichte und eine CD, das sind ja nun mal zwei Erinnerungssysteme, die sich als Objekte völlig unterschiedlich verhalten. Das eine muß dekodiert werden, das andere, und das ist das schöne an Gedichten, muß ich selber aufschliessen, die materielle Ausdehnung ist äußerst gering und die Räume, die sie betreffen, können extrem weit sein. Wie kommt denn dir dieses polare Verhältnis zwischen einer kleinen Scheibe und dem Gedruckten vor? Du machst ja sehr bewußt Buchobjekte.

Engeler: Im Falle der Kombination der Zeitschrift mit einer CD nehme ich das weniger als Objekt wahr. Das war bei den

Büchern so, bei Oskar Pastiors «Gimpelschneise» oder Norbert Hummelts «singtrieb», da wollte ich ein richtiges Objekt herstellen, das zwei Medien miteinander verbindet. Bei der Zeitschrift, sehe ich das nochmal anders. Ich bin eigentlich ein sehr sehr dummer Leser. Ich bin ein Leser, der wenig weiß und insofern auch wenig versteht. Aber: die Vorsehung hat mich glücklich ausgerüstet, indem ich ein sehr genau hörender Leser bin. Was du bewegte Luft nennst, nämlich Musik, das ist die Art und Weise, wie ich Poesie wahrnehme. Insofern ist verstehen für mich immer und notwendigerweise an Hören gekoppelt. Wenn ich etwas verstehe von dem, was ich in der Zeitschrift drucke, dann nur, weil ich es höre. Auch wenn ich es noch nie vorgelesen gehört habe. Für mich ist Poesie ein klangliches Ereignis, und die Zeitschrift ist per se ein Klangereignis, auch wenn es Papier ist. Für mich ändert sich also mit der CD nichts, weil auch die ein Raum ist, der Klang speichert.

Die Autorinnen und Autoren

Anton Bruhin

Geboren 1949 in Lachen, Kanton Schwyz, aufgewachsen in Schübelbach SZ. Kunstgewerbeschule und Schriftsetzerlehre in Zürich, seit 1968 freischaffend: Zeichnungen, Malerei, Texte, Musik. Einzel- und Gruppenausstellungen, Bucheditionen und Portfolios. Lebt in Zürich. 1999 kommt Iwan Schuhmachers Film *Trümpi – Anton Bruhin, der Maultrommler* in die Kinos und das Buch *Ländlermusikanten* mit Zeichnungen Anton Bruhins (Andreas Züst Verlag, c/o Scalo Verlag, Zürich 1999) in die Buchhandlungen.

Diskographie (*mit Maultrommel): *vom Goldabfischer, LP, Pick 35-001, 1970; rotomotor / neun improvisierte Stücke, LP, Sunrise 078-1962, 1977; *Maultrommel, Mundharmonika, Kamm, LP, EL-12355, 1979; Adolf Wölfli, gelesen und vertont, LP, Adolf Wölfli Stiftung, Bern 1979; *Swiss Folk Varia, 2 LPs, MH41 Musica Helvetica, Swiss Broadcasting Corporation, Bern 1980; *UR-MUSIG, CD, CSR-2CD 91512, 1985; *Save Our Planet, Computerspiel, ISBN 3-9520800-0-4, BUWAL, Bern 1995; *Brummeisen, CD, ATS CD-0463, Molln 1995; *Anton Bruhin spilt 's Trümpi, CD, MDS4010, Mülirad-Verlag, Zürich 1996; *Maultrommel Molln, CD, ATS CD-0489, Molln 1997; *Electric Eel (mit Koichi Makigami), CD, TZ 7216, Tzadik, New York 1998; InOut, CD plana-B 3TES.015, Alga Marghen, Milano 1998; *Travels with a Trump – Anton Bruhin, the Jew's Harp Player, CD, Ventura Film, Vertrieb RecRec, Zürich 1999; *Internationales Maultrommel-Festival 1998, 2 CDs, ATS, Molln 1999; *BEGEGNUNGEN am internationalen Maultrommel-Festival 1998, CD, ATS, Molln 1999; *SCHWYZ / Volksmusik aus der Innerschweiz, CD, MH CD 91.2, Swiss Radio International, Bern 1999.

11 heldengesänge & 3 gedichte sind zuerst erschienen (und noch immer erhältlich) als Schachtel mit einem Buch und zwei Schallplatten in einer limitierten Auflage von 70 Exemplaren, einzeln numeriert und signiert von Anton Bruhin, im Verlag Adolf Hürlimann, Zürich 1977. Die Rezitation, Musik und Musikcollagen auf der CD zu diesem Heft sind von Anton Bruhin, die Bläsersignale sind komponiert von Radu Malfatti. Posaunen: Radu Malfatti, Flügelhörner: Jürg Grau, Aufnahmen: Studio Bruno Spoerri.

Oswald Egger

Geboren 1963 in Lana im Südtirol, lebt in Wien. 1992 Abschluß an der Universität Wien mit einer Poetik des Hermetischen («Wort für Wort»). 1988-1998 Herausgeber der Zeitschrift *Der Prokurist* sowie der *edition per procura*. Ausstellungen, Vorführungen, Veröffentlichungen in Künstlerkatalogen, Anthologien und Zeitschriften.

Buchveröffentlichungen: Die Erde der Rede, Kleinheinrich, Münster 1993; Gleich und Gleich, Edition Howeg, Zürich 1995; Blaubarts Treue, Edition Howeg, Zürich 1996; Und : der Venus trabant. Oper als Topos ohne Ort, Edition Howeg, Zürich 1997; Juli, September, August. Herde der Rede Moiré, Edition Solitude, Stuttgart 1997; Observatory Deck. Proverb To Observe The Obverse, Empire State Building, New York 1997; Sommern, Edition Howeg, Zürich 1998; Poemanderm Schlaf (Der Rede Dreh), Edition Howeg, Zürich 1999; Herde der Rede (Poem), Suhrkamp Verlag, Frankfurt a/M 1999.

Die *Glosen aus Juan de la Cruz* sind bisher erst als Privatdruck erschienen (Sturmberg 1998). Sie wurden für die Veröffentlichung in ZdZ ergänzt durch Quirinus Kuhlmanns *2. (62.) Kühlpsalm*, zitiert nach der Ausgabe: Quirinus Kuhlmann, Der Kühlpsalter, Buch V-VIII, herausgegeben von Robert L. Beare, Max Niemeyer Verlag, Tübingen 1971 (Neudrucke Deutscher Literaturwerke, Neue Folge 4, herausgegeben von Richard Alewyn).

Brigitta Falkner

Geboren 1959 in Wien, lebt in Wien. Arbeiten für den Rundfunk, Ausstellungen, Anthologiebeiträge, Bücher.

Buchveröffentlichungen: **A**nagramme **B**ildtexte **C**omics, Das fröhliche Wohnzimmer, Wien 1992; TOBREVIERSCHREIVERBOT – Palindrome, Ritter-Verlag, Wien und Klagenfurt 1996.

Das Storyboard *Prinzip i* erscheint hier zum ersten Mal.

Andreas Münzner

Geboren 1967, wohnt in Genf und Hamburg. Übersetzungen vor allem aus dem Französischen und Englischen, zuletzt im Tandem Ruth Schweikert ins Französische (Editions de l'Aire, Vevey). Veröffentlichungen in Zeitschriften, unveröffentlichte Lyrik und Prosa.

Christian Prigent

Geboren 1945 in der Bretagne, lebt in Le Mans. Gründer und Leiter der Zeitschrift und der Buchreihe *TXT* (1969-1993). Gedichte, Essays, Theaterstücke und Prosa. Die Zeitschrift *Faire part* hat 1994 ein Sonderheft zu Christian Prigent veröffentlicht (Heft 14/15). Ein weiterer poetologischer Aufsatz von Christian Prigent findet sich in Heft 107-108/1988 von *Sprache im technischen Zeitalter*.

Gedichtbände in französischer Sprache: La belle journée, Chambel-land, Goudargues 1969; Paysage, avec vols d'oiseaux, Carte blan-che, Paris 1992; Journal de l'œvide, Carte blanche, Paris 1984; Notes sur le déséquilibre, Carte blanche, Paris 1988; Un fleuve, Carte blanche, Paris 1993; Ecrit au couteau, P.O.L., Paris 1993; Album du Commencement, Ulysse fin de siècle, Dijon 1997; dum pendet filius, P.O.L., Paris 1997.

Akustische Veröffentlichungen: Souvenirs de l'œuvide, Kassette, Artalect, Paris 1984; Comment j'ai écrit certains de mes textes, Kassette, Muro Toto, Le Mans 1996; L'écriture, ça crispe le mou, Buch mit CD, Alfil, Neuvy 1997.

Glas stammt aus dem Band *Ecrit au couteau, Danse de la peste* aus *Notes sur le déséquilibre* und *Liste des langues que je parle* ist erschienen in *L'écriture, ça crispe le mou.* Die Übersetzungen durch Andreas Münzner sowie die Lesung der Gedichte erscheinen hier zum ersten Mal. Für die Aufnahme von Christian Prigents Lesung durch das Schweizer Radio DRS2 dankt der Herausgeber Claude Pierre Salmony herzlich.

Ulrich Schlotmann

Geboren 1962 in Balve, lebt in Berlin. uschlotmann@t-online.de.

Buchveröffentlichungen: Entlöse, Maas Verlag, Berlin 1993; In die feuchten Wälder gehen, Ritter Verlag, Klagenfurt 1996; Suhe, edi-tion gegen-sätze, Wien 1998.

Diskographie (gemeinsam mit dem Komponisten zeitblom): In die feuchten Wälder gehen, CD, Monochrome Music, Berlin 1997; m.t.1, CD, Verlag NN-Fabrik, Siegendorf 1998; bluten, wald, Buch und CD, Ritter Verlag, Klagenfurt 1999.

Die Texte Ulrich Schlotmanns sowie die Aufnahmen mit zeitblom erscheinen hier zum ersten Mal. Die beiden Stücke wurden im mo-nochrome studio berlin aufgenommen, *video/remix* im Februar, *sta-tik* im Mai, und sind verlegt bei monochrome music, komponiert und aufgenommen von zeitblom, Text geschrieben und gesprochen von Ulrich Schlotmann.

Manos Tsangaris

Geboren 1956 in Düsseldorf. 1976 bis 1983 Studium an der Musik-hochschule Köln bei Mauricio Kagel (Komposition und Neues Mu-siktheater) und bei Christoph Caskel (Schlagzeug). Zahlreiche Kom-positionen, Hörspiele, Konzerte, Ausstellungen, Stipendien. Seit den 70er Jahren Gedichte. Seit 1988 Ausstellungen mit Theater-Apparaten und Zeichnungen. Tsangaris lebt und arbeitet als Komponist, Autor und Schlagzeuger in Köln.

Buchveröffentlichungen: Stille Post, Gedichte, Thürmchen Verlag, Köln 1986; 3x8 Zeichnungen und 14 Gedichte (zusammen mit Rainer Barzen), Thürmchen Verlag, Köln 1990; !Lobotomie / katharine und der tote bischof, Gedicht, Thürmchen Verlag, Köln 1991; Mundmaßung, Gedichte, Edition Solitude, Stuttgart 1995.

Diskographie: Gate live, Brain Metronome 1977; Red Light Sister, Brain Metronome 1979; Trackways probably made by... (mit Chris Newman), TAT Frankfurt 1982; Chris Newman & Janet Smith, recommended records 1985; 10 Märsche, um den Sieg zu verfehlen (mit Mauricio Kagel), Aulos 1984; Neue Musik in Deutschland (mit Mauricio Kagel), Wergo 1984; Elephants Easy Moonwalk Through the Night, exaudio 1990; Stadtgarten Series 4 (mit Reiner Winterschladen), JHM 1991; King Gong (mit Reiner Winterschladen), JHM 1993; improvised music from solitude (mit V. Tarasov, Avimato) 1995; tea time Vol. 1 (mit Frank Schulte), POISE 1996; winzig, WDR Dokumentation der Wittener Tage für neue Kammermusik, 1999; MIR (mit Simon Stockhausen), The Listening Room, Edel-Records 1999.

Die Arbeit *Ein Jahr in sechsundzwanzig Phasen* erscheint hier zum ersten Mal; *Zwölfer* für Trommeln ebenfalls, aufgenommen mit Christian Hecker im Kutscherhaus-Studio, Köln 1997.

zeitblom

Geboren 1962, lebt in Berlin. Elektronische Kompositionen für Theater, Hörspiel, Tanz, Installation, Video, Performance, Literatur. zeitblom@snafu.de

Diskographie: mit sovetskoe foto: I, büro rec., 1986; phonetical crime, diamand/jade, 1987; black plumage of male, zo-o-phyte rec., 1988; the art of beautiful butling, spv, 1990; the humidity, spv, 1990; sex, spv 1993; mit thothmann anlagen: straten, hörsturz, 1996 (hörspiel); mit Ulrich Schlotmann: in die feuchten wälder gehen, exotique moods I, 1997, monochrome music; CD-Beilage für die Zeitschrift entwerter/oder *shutz pool-la part maudite* mit den Autoren Franzobel, Ulrich Schlotmann, Bert Papenfuss, Christian Uetz, David Ender/Jack Hauser, Ralf B. Korte, Sylvia Egger, m.T. 1-7, NN fabrik, Siegendorf 1998 (Box mit sieben CD).

Im Verlag Urs Engeler Editor sind im Herbst 1999 erschienen:

Michael Donhauser, Sarganserland, Gedichte
86 Seiten, DM/sFr. 24.-, ISBN 3-905591-07-3

Nachtlandstraße im Sarganserland, eine Scheinwerferlänge Asphalt und Mittelstreifen und Saumgras und im Ahnungsbereich eine Kurve, dann sichtbar: das Bild zeigt, verschneit, was in Sekunden, die Geschwindigkeit herabsetzend, ein Wiedererkennen ist, der Unwiederbringlichkeit – während das Auge den Hagebuttenstrauch über der Straße noch sieht und der Verlust so gewiß dann ist und nächtlich, fast versprochen.

Biagio Marin, In memoria/Der Wind der Ewigkeit wird stärker Gedichte, Gradesisch und Deutsch in der Übersetzung von Riccardo Caldura, Maria Fehringer und Peter Waterhouse, mit Aufsätzen von Andrea Zanzotto und Pier Paolo Pasolini
169 Seiten, DM/sFr. 29.-, ISBN 3-905591-08-1

Und nur hier, nur von diesem Winkel aus, der so reich an sprachlichen Unvorhersehbarkeiten ist, wird man hören können, daß «le rose / le gera sove e so sorose» – die Rosen ihre Schwestern (sorelle) waren, die ein Anflug von chromatischem Wahnsinn in «sorose» verwandelt hat, im verbleibenden Licht des Archaischen, welches Tau absondert, in einem Vers, der ganz Blüteninvasion, überfließender Rosengarten an Schwesternschaft ist. Schon diese wenigen Verse – und in der Dichtung Marins gibt es zahlreiche dieser Art – würden genügen, um die Insel, auf der sie blühen, notwendig zu machen.

Thomas Schestag, Mantisrelikte
Jean Henri Fabre, Maurice Blanchot, Paul Celan
256 Seiten, DM/sFr. 37.-, ISBN 3-905591-06-5

Anders als die Zikade und ihr Gesang, den Timaeus den wohltönendsten unter allen Tieren nennt, weshalb sie in antiken Schriften eine Reihe von Kennzeichen mit Orpheus teilt – anders als die Zikade, ist die Mantis stumm.

Christoph Krause, Am Tagrand, Gedichte
80 Seiten, DM/sFr. 24.-, ISBN 3-905591-09-X

Ein flinkes Frettchen im verpelzten Herzohr leckst du neckst mich beim
Namen wo bald die leicht bedeckte Himmelsblesse oder aufgestöbert
sich mein Haarstern sträubt

Im Herbst 1998 sind erschienen:

Arthur Rimbaud, Die späten Verse
Übersetzt und mit einem Aufsatz von **Michael Donhauser**
104 Seiten, DM/sFr. 21.-, ISBN 3-905591-03-0

Und gliich (trotzdem) sei es windstiller als gestern: das Gleiche, die
Gleichung, die Kälte und am Rande der Kälte der Unterschied, das
Windstillere, daß die Bänder sich kaum rühren, doch die Zweige, blü-
tenumhüllt, interferieren, während eine Amsel lauthals zwischenruft –
das Lauthalse und die Minimierung dann der Ästebewegung, der
Blütenzweiginterferenz; dann der Esel, sein heiseres Schreien und
das knatternde Echo eines Propellers, Helikopters, innocence, innocence, innoc... fléau: Unschuld, Unschuld, Unsch... Flegel.

Peter Waterhouse, Im Genesis-Gelände
Versuch über einige Gedichte von Paul Celan und Andrea Zanzotto
96 Seiten, DM/sFr. 18.-, ISBN 3-905591-00-6

Das englische «to remember» kann man in das deutsche «erinnern»
übersetzen. Fast ebenso gut läßt es sich übersetzen in das deutsche
(?) Wort «Hand». Ungewisses Wort «erinnern»; aber gibt es nicht ein
Bild von den vielen Händen; und ist nicht die Berührung genauer und
richtiger als die Erinnerung? So daß es beinahe die Redewendung
geben könnte: (nicht: ich erinnere mich, sondern) ich habe viele
Hände. Oder: komm auf den Händen zu uns. Oder: ich bin auf den
Händen zu euch gekommen (fast schon Gegenteil des Erinnerns).

Elke Erb, Mensch sein, nicht, Gedichte und andere Tagebuchnotizen
136 Seiten, DM/sFr. 27.-, ISBN 3-905591-04-9

Gestern der – hatte die Erbsen gefressen – üppige Igel lief durch den halben Garten vor mir her, den Bauch unter dem Stachelfell wie eine Fettschwarte schaukelnd. Ich dachte dann: Solche steckt man in Glut. Dann: Könnte ich jetzt auch. Mittelalterlich. Neuaufgelegt. Oder nur unterbrochen. – Endlich einmal erwachsen sein, beutefroh. Wie eine Lebensader im Sinn – diese strikte Sorge, Fürsorge, dieses unablässige Wohlwollen und Eintreten für alles Lebendige – wo bleibt sie nun? diese Nabelschnur – plötzlich gekappt. Taugte zum Strick...
29.7.95

Hans-Jost Frey, Lesen und Schreiben
144 Seiten, DM/sFr. 27.-, ISBN 3-905591-02-2

Lesen / Verstehen / Zerstreutheit / Das unbeschriebene Blatt / Laut und leise / Das Ungelesene / Zögern / Rhythmus / Tastatur / Horizontal und vertikal / Abschreiben / Wiederholung / Kalligraphie / Desorientierung / Desorientierung in der Zeit (Proust) / Desorientierung im Raum (Leopardi) / Die Figur des Schreibens / Der Baum / Reflexion / Die Fliege / Das Spiel

Ulf Stolterfoht, fachsprachen I-IX, Gedichte
128 Seiten, DM/sFr. 24.-, ISBN 3-905591-01-4

Theodor Ickler: «Tatsächlich gebraucht der Fachmann die von ihm mitsamt dem Fach beherrschte Fachsprache oft mit einer unleugbaren 'Funktionslust', etwa so wie man ein gut beherrschtes Werkzeug handhabt oder ein Musikinstrument spielt. Das muß mit Imponierlust und Exklusivitätsgehabe nichts zu tun haben. Man unterstellt das viel zu oft und unbedenklich, als gäbe es gar nicht so etwas Unschuldiges wie die Freude am Erkennen und am wohlgelungenen Meistern der Materie.»

Lyrik Kabinett e.V.

München

Postfach 440 204   80751 München
Tel.: 089-34 62 99 Fax.: 089-34 53 95
Email-Adresse: Lyrik-Kabinett@t-online.de
Homepage: http://www.lyrik-kabinett.de

Bibliothek und Lesegesellschaft
für Freunde der Poesie

Jahresbeitrag: DM 80,-/40,-
Als Mitglied unseres gemeinnützigen Vereins
erhalten Sie eine Spendenquittung sowie freien
Zutritt zu den Lesungen.

Lyrik-Bibliothek am Institut für Komparatistik
Schellingstr. 3, Rgb.
Tel.: 2180-3777
Öffnungszeiten: Die u. Do 18 Uhr - 21.30 Uhr
Oder nach Vereinbarung.

VORSCHAU AUF UNSERE LESUNGEN
AB SEPTEMBER'99
(Änderungen vorbehalten)

Mi. 15.09. LES MURRAY

Do. 23.09. *Drei serbische Stimmen*
MIODRAG PAVLOVIC
MILAN DJORDJEVIC
DRAGOSLAV DEDOVIC

Mi. 29.09. *Drei albanische Stimmen*
DIN MEHMETI
JAMARBER MARKO
BEQE CUFAJ

Mi. 06.10. *Vier ungarische Stimmen*
ZALAN TIBOR
GYÖRGI PETRI
Mo. 11.10. DEZSÖ TANDORI
GEZA SZÖCS

Die. 19.10. WILHELM DEINERT

Mi. 27.10. ARNOLD STADLER

Mo. 01.11. CARMEN KOTARSKI

Do. 11.11. SOPHIA de MELLO
BREYNER ANDRESEN
(vorgestellt von Kristof Wachinger)

Mo. 15.11. OSWALD EGGER

Do. 24.11. *Meine Lieblingsgedichte VII*
Prof. HANS-PETER DÜRR

Die. 30.11. *Times's Best Jewel*
KEVIN PERRYMAN
liest englische Gedichte

Die. 07.12. *Lyrik-Übersetzen? III*
FRANZ JOSEF CZERNIN
Shakespeare Sonette

"Jeder gesunde Mensch kann leicht zwei Tage ohne Nahrung leben - ohne Poesie, niemals!"

(Baudelaire, 1846)

Areale Areale
Wort für Wort

Oswald Egger

Herde der Rede (Poem)
edition suhrkamp 1999
304 S., DM 22,80 – ISBN 3-518-12109-X

Poemanderm Schlaf (Der Rede Dreh)
Edition Howeg 1999
320 S., DM 24 – ISBN 3-85736-193-X

(*Die Kette der Wesen eskaliert*)

NEUE RUNDSCHAU

110. Jahrgang 1999 Heft 3
Begründet von S. Fischer im Jahre 1890
Herausgegeben von
Martin Bauer, Helmut Mayer und Uwe Wittstock

Franz Josef Wetz *Die Naturalisierung der Kultur*
Michael Pauen *Materialismus und Metaphysik*
John McDowell *Wissenschaft und Philosophie des Geistes*
Michael Hagner/Cornelius Borck *Brave Neuro-Worlds*

Naturalisierungen

Martin Amis *Lage der Nation*
Marlene Streeruwitz *Samstag, 3. März 1990*
Géza Szőcs *Sechs Gedichte*
Jakob Stephan *Lyrische Visite*
Ralph Ubl *Die Kunstkritikerin Rosalind Krauss*

S. Fischer

Neue Rundschau Heft 3/99
Naturalisierungen
3-10-809038-0

Neue Rundschau Heft 4/99
Willkommene Abschiede
3-10-809039-9
Erscheint im September 1999

Die Neue Rundschau, hrsg. von Martin Bauer,
Helmut Mayer und Uwe Wittstock,
erscheint vierteljährlich zum Preis von
DM 16,–/sFr 15,–/öS 117,– (Einzelheft)
DM 56,–/sFr 51,–/öS 409,– (Jahresabonnement incl. Porto)

S. FISCHER
www.s-fischer.de

steirischer herbst 99

**mundräume.
sendeflächen**
dichtung aus den 90ern

mit: Hans Jürgen Balmes, Marcel Beyer, Lucas Cejpek,
Franz Josef Czernin, Diedrich Diederichsen, Dolores,
Oswald Egger, Elke Erb, Brigitta Falkner, Gundi Feyrer,
Norbert Hummelt, Thomas Kapielski, Thomas Kling,
Frank Köllges, Andreas Neumeister, Bert Papenfuß,
Rolf Persch, Caroline Peters, Udo Samel,
Ferdinand Schmatz, Sabine Scho, Sabine Scholl,
Leander Scholz, Eckhard Schumacher, Stefan Sprang,
Ulf Stolterfoht, to rococo rot, Christian Uetz,
Peter Waterhouse, Futur Drei, Gegner, Nummer,
perspektive, WZine, u.a.

Konzept: Thomas Kling und Wilfried Prantner

6. 10. - 9. 10. 1999

Katarina
Frostenson

Katarina Frostensons moderne,
eigenwillige Poesie lebt ganz vom
Klang, von Tempo und Rhythmus,
von der Bewegung. So entstehen
Wortlandschaften aus Geschehenem
und Erinnertem, die das Vertraute in
ein neues Licht setzen. 1992 wurde
Katarina Frostenson als jüngstes
Mitglied in die Schwedische
Akademie gewählt.

Aus dem Schwedischen von Verena Reichel
104 Seiten. Gebunden
DM 25,– / öS 183,– / sFr 24,30

Katarina Frostenson

Die in den Landschaften verschwunden sind

Gedichte

Hanser

Foto: Bengt af Geijerstam

Neu
in handlichem
Format und neuem
Layout!

Thema
der aktuellen
Ausgabe:
Erinnerung

thema

Jürg Amann, Barbara Basting, Annette Hug, Jochen Kelter,
Manfred Orlick, Erica Pedretti, Robert Schindel, Irène Speiser,
Peter K. Wehrli, u.a.

diskussion

Essays von Dominique Eigenmann, Birgit R. Erdle,
Franziska Gugger, Maja Wicki

foto

Dominic Büttner

kunst

Felix Z. Herzog

Viermal jährlich dokumentiert die
Schweizer Zeitschrift für Literatur
neue Strömungen in der deutsch-
sprachigen Literatur mit Texten von
jungen Autorinnen und Autoren
sowie Beiträgen bekannter Schrei-
bender zu einem thematischen
Schwerpunkt.Essays und Debatten,
Foto- und Kunstteil sowie Bespre-
chungen erweitern das literarische
Angebot!

www.entwuerfe.ch

Wilhelm Fraenger
Das Bild der »Niederländischen
Sprichwörter«
Pieter Bruegels Verkehrte Welt
Neu herausgegeben von Michael Philipp

Als überraschender Fund tauchte 1913
eines der jetzt bekanntesten Gemälde
Pieter Bruegel des Älteren (um 1525-
1569) aus englischem Privatbesitz auf:
das Bild der »Niederländischen
Sprichwörter«, auf dem, wie Wilhelm
Fraenger schreibt, der Maler die
Sprichwortweisheit seines Volkes
"zu einer grossen Enzyklopädie ver-
einigt hat."
Mit beeindruckendem Spürsinn hat
Fraenger fast alle der rund 100
Sprichwörter erschlossen, und seine
Beschreibung führt durch das bunte
Gewimmel des Gemäldes. Eine Falt-
tafel in dieser Neuedition ermöglicht
einen genauen Nachvollzug von
Fraengers Erläuterungen. "Man wird
zum Gulliver vor diesem Bild", so
Fraengers Perspektive, "und sieht mit
immer tiefer staunendem Ergötzen,
wie sich ganz unten eine fremde Welt
in närrischer Possierlichkeit entfaltet."
Der Kunsthistoriker und Volkskundler
Fraenger hat sich als einer der ersten
in den zwanziger Jahren um die
Deutung dieses facettenreichen Bildes
bemüht. Nicht nur "die innere Feder-
kraft der grossen Spieluhr und der
verborgene Rädergang des Automa-
ten, der all die hundert Kunstfiguren
treibt", werden von Fraenger auf ein-
dringliche und faszinierende Weise
erschlossen, er zeigt auch die Entsprechungen in der Literatur des 16. Jahrhunderts, etwa bei François Rabelais,
auf. Beide Künstler haben "den Irr-
wahn menschlicher Geschäftigkeiten
im Gleichnis ihrer Sprichwortbilder in
einer Summe dargestellt."
Die Edition, mit einem ausführlichen
Nachwort und Kommentar des Her-
ausgebers Michael Philipp versehen,
macht Fraengers vielzitierte und bis
heute gültige Deutung des Bildes -
eines der herausragenden Stücke der
Gemäldegalerie Berlin - wieder
zugänglich.

72 S., 8 Abb., engl. Broschur, 1999
DM 26,- Hfl 29,-   ISBN 90 6034 102 3

CASTRVM PEREGRINI PRESSE

1000 AP AMSTERDAM · POSTBOX 645

D 53225 BONN · HERMANNSTRASSE 61

kolik 7

ZEITSCHRIFT FÜR LITERATUR

Klaus AMANN
Xaver BAYER
Helmut EISENDLE
Antonio FIAN
Karin FLEISCHANDERL
Sabine GRUBER
Waltraud HAAS
Fabjan HAFNER

Paulus HOCHGATTERER
Gert JONKE
Werner KOFLER
Bededikt LEDEBUR
Andreas OKOPENKO
Evelyn POLT-HEINZL
Thomas ROTHSCHILD
Eva SCHMIDT
Julian SCHUTTING
Herbert J. WIMMER
Sabine ZELGER
Christiane ZINTZEN

Herausgegeben von Gustav Ernst und Karin Fleischanderl
180 Seiten, Einzelnummer öS 100,– / DM 17,– / sfr 15,–
Abonnement öS 300,– / DM 50,– / sfr 45,–
A-1020 Wien, Taborstraße 53/21, Tel./Fax +43/1/214 48 51

Literatur & Medien im SH-Verlag

Uwe-K. Ketelsen
Ein Theater und seine Stadt
Die Geschichte des Bochumer
Schauspielhauses. 405 S. m. 54 Abb.,
Leinen mit Schutzumschlag,
DM 79,–/öS 576,70/SFr 71,10
<ISBN 3-89498-061-3>
Die Geschichte eines Stadttheaters, das
jahrzehntelang zu den führenden deutschen
Sprechbühnen gehörte, Wirkungsstätte von
Hans Schalla, Claus Peymann und Peter
Zadek – zugleich ein Musterbeispiel für das
Schicksal der Kultur im Kontext deutscher
Kommunalpolitik.

Kay Kufeke
Himmel und Hölle in Neapel
Mentalität und diskursive Praxis
deutscher Neapelreisender um 1800.
(Italien in der Moderne 5) Ca. 370 S.
m. 9 Abb., geb. DM 68,–/öS 496,60/
SFr 61,20 <ISBN 3-89498-064-8>
Anhand von Reiseliteratur des späten 18. und
frühen 19. Jahrhunderts zeigt dieses Buch, wie
sich in den Köpfen der Deutschen ein
bestimmtes Bild von Italien herausbildete.
Berücksichtigt werden Autoren wie Goethe,
Kotzebue, Seume, Karl Joseph Stegmann,
Friedrich Leopold zu Stolberg-Stolberg und
Christian August Vulpius.

Uwe-K. Ketelsen
Literatur und Drittes Reich
2., durchgesehene Auflage mit
erweitertem Literaturverzeichnis.
438 S., Leinen mit Schutzumschlag
DM 79,–/öS 576,70/SFr 71,10
<ISBN 3-89498-012-5>

**Sprache im
technischen
Zeitalter**
*Hrsg. von
Walter Höllerer,
Norbert Miller
und Joachim
Sartorius*

Jährlich 4 Hefte, je ca. 110 S.,
Jahresabonnement DM 60,–
Studentenabo DM 45,–
Einzelheft DM 18,–
Eine der bedeutendsten deutschen Literatur-
zeitschriften. Einige der letzten Heftthemen:
Nr. 145 (1998): *Berliner Autorenwerkstatt –
Prosa 1997* samt einem Essay von Hans-
Ulrich Treichel; Nr. 146 (1998): *50 Jahre
Israel* mit Beiträgen von Joram Kaniuk, Amir
Or u. a.; Nr. 147 (1998): *Romantisches
Deutschland* (Hugo Dittberner, Norbert
Hummelt, Brigitte Oleschinski, Thomas
Rosenlöcher u. a.); Nr. 148 (1998): *Junge
Lyrik;* Nr. 149 (1999): *Theatertendenzen;*
Nr. 150 (1999): *Peter Huchels Spuren* und
Ungarische Perspektiven

✂ – – – – – – – – –
Coupon für kostenloses Probeheft   9906

Name

Straße

PLZ/Ort

Datum/Unterschrift

*Ab die Post an: SH-Verlag,
Osterather Str. 42, D-50739 Köln
Fax +49-221-956 17 41, Mail info@sh-verlag.de*

ZEITSCHRIFT FÜR LITERATUR UND ÜBERTRAGUNG

Herausgegeben von Jost G. Blum und Michael von Killisch-Horn

Die Literaturzeitschrift präsentiert in thematischen Heften ausländische zeitgenössische Literatur (Lyrik, Prosa, Essayistik). Lyrik und lyrische Prosa wird zweisprachig in Original und deutscher Übersetzung veröffentlicht. Die einzelnen Hefte werden ergänzt durch Materialien und bio-bibliographische Dossiers zu den Autoren. Neben dem jeweiligen Schwerpunkt stellt jedes Heft einen zeitgenössischen jiddischschreibenden Autor im jiddischen (transkribierten) Original und in deutscher Übersetzung vor (in den bisher erschienenen drei Heften: Tzvi Eisenman, Lev Berinski, Abraham Sutzkever).

metaphorá 1 (Herbst 1997)
Das Schiff das ich bestieg kommt nie an Land
Lyrik und Prosa aus Portugal
Zeitgenössische portugiesische Lyrik und Prosa von Manuel Alegre, Fiama Hasse Pais Brandão, António Franco Alexandre, Al Berto, Nuno Júdice, Luís Filipe Castro Mendes und Fernando Pinto do Amaral, João de Melo, Hélia Correia, Luísa Costa Gome, José Riço Direitinho und Eduardo Lourenço. – 224 Seiten, Einführungspreis DM/SFr 19,80

metaphorá 2 (Mai 1998)
Das Huhn das schreit gehört dem Fremden
Lyrik und Prosa aus Schwarzafrika
Texte von Lesego Rampolokeng, Kojo Laing, Yvonne Vera, Chenjerai Hove, Jack Mapanje, Véronique Tadjo, Abdourahman A. Waberi, Sony Labou Tansi. – 200 Seiten, DM/SFr 29,80

metaphorá 3/4 (Oktober 1998)
Das Feld beginnt über den Dächern
Lyrik und Prosa der lateinischen Schweiz
Ein Panorama der romanischsprachigen Literatur der Schweiz. Lyrik und Prosa von 22 Autoren aus der Westschweiz, aus dem Tessin und aus der rätoromanischen Schweiz. Mit CD: »Lider-Togbuch«, 13 Gedichte von Abraham Sutzkever, vertont von Gilead Mishory. 318 Seiten, DM/SFr 49,80

metaphorá 5 (September 1999)
Lyrik und Prosa von in der Schweiz lebenden kosovo-albanischen Dichtern. – ca. 224 Seiten, DM/SFr 29,80

Die **metaphorá** erscheint halbjährlich und ist über den Buchhandel sowie die Redaktionsadressen (Jost G. Blum, Postfach 1206, 82178 Puchheim; Michael v. Killisch-Horn, Ostermayrstraße 5/167, 80807 München) zu beziehen. Einzelheft DM 29,80, **Abonnement (4**

Literaturwissenschaft

Albrecht Betz
Heinrich Heines Prosa
Ästhetik und Politik I
2. erweiterte Auflage
192 S., geb. 1999
ISBN 3-89086-833-9   DM 48,–

Als innovativster deutscher Prosaautor des 19. Jahrhunderts hat Heine den Wahrnehmungswandel und die Bewußtseinsveränderung beim Übergang in die industrielle Welt zugleich antizipiert und geprägt. Albrecht Betz ist Professor an der RWTH Aachen und arbeitet vor allem über deutsche und französische Literatur des 19. und 20. Jahrhunderts.

VOM GLEICHEN AUTOR:

Der Charme des Ruhestörers
Heine Studien
Ästhetik und Politik II
96 S., geb. 1997
ISBN 3-89086-820-7   DM38,–

Betz' Essays haben etwas, „was von Heine selbst souverän beherrscht wurde: die Kapazität zur synthetisierenden Pointe und zur originellen sowie umsichtigen Perspektivierung."
Karl Heinz Bohrer in Merkur 1/98

Betz arbeitet „sechs brillante Studien heraus, deren verkürzter, manchmal schon fast telegraphischer Vortrag zum Nachdenken und zum Widerspruch reizt."
Günter Metken in Süddt. Ztg. 7.3.98

Dieter Breuer
Mephisto als Theologe
Faust-Studien
96 S., geb. 1999
ISBN 3-89086-839-8   DM 38,–

Die folgenden vier Studien, die zwischen 1980 und 1992 an z.T. entlegenen Orten erstmals publiziert wurden, widmen sich ganz den religiösen Fragen des Goetheschen Faust; aufeinander aufbauend, kreisen sie die theologischen Voraussetzungen und die dramaturgischen Konsequenzen von Goethes Umwertung und Neuorganisierung des Faust-Mythos ein. Sie wollen zugleich die historische Bedeutung dieser Umwertung gegenüber der Historia von D. Johann Fausten und Thomas Manns Doktor Faustus kenntlich machen. Beginnend mit einer Untersuchung der christlichen Mythologie in der Szene „Bergschluchten", endend bei der Theologie Mephistos, ergibt sich für den Leser auch hier der vertraute Gang „vom Himmel durch die Welt zur Hölle".

IN VORBEREITUNG:

Ernst Meister Jahrbuch 1998
Von Grimmelshausen bis Ernst Meister: Probleme kritischer Ausgaben (3. Ernst Meister Kolloquium. Tagungsbeiträge)
Festschrift für Dieter Breuer
4 Abb., ca. 160 S., brosch. 1999
ISBN 3-89086-832-0   DM 58,–

Rimbaud
VERLAGSGESELLSCHAFT mbH

Oppenhoffallee 20 · D-52066 Aachen
Postfach 86 · D-52001 Aachen
Telefon 0241/54 25 32 · Telefax 0241/51 41 17

Literatur und Kunst

Ernst Meister
Gedichte aus dem Nachlaß
(Sämtliche Gedichte Bd. 15)
272 S., geb. 1999
ISBN 3-89086-971-8 DM 48,-

Ernst Meister gehört zu den großen deutschen Lyrikern unseres Jahrhunderts. Seit 1985 erscheint die Ausgabe seiner Sämtlichen Gedichte in 15 Bänden, die in diesem Jahr abgeschlossen sein wird. Zu seinem 20. Todestag am 15. 6. 1979 erscheint nun der lang erwartete Nachlaßband.

Michael Guttenbrunner
Im Machtgehege IV (Prosa)
96 S., geb. 1999
ISBN 3-89086-787-1 DM 28,-

Michael Guttenbrunner wurde in Althofen in Kärnten geboren. Er lebt seit 1954 in Wien. Aus Anlaß des 80. Geburtstages erscheint der vierte Band seines Hauptwerkes.

Paul Celan
Todesfuge.
Mit einem Kommentar von Theo Buck
(Texte aus der Bukowina. Bd. 7)
64 S., geb. 1999
ISBN 3-89086-795-2 DM 28,-

Neben Texten der Bukowiner Autoren wie Moses Rosen-kranz, Immanuel Weißglas, Alfred Kittner und Alfred Gong wird nun auch das berühmteste Gedicht Paul Celans in den literaturgeschichtlichen Kontext gestellt.

K. O. Götz
Erinnerungen IV 1975 - 1998
Mit einer Werkauswahl
60 teils farb. Abb., 256 S., geb. 1999
ISBN 3-89086-843-6 DM 58,-

Der Doppelgänger II
Für K. O. Götz zum 85. Geburtstag
12 Abb., 64 S., geb. 1999
ISBN 3-89086-785-5 DM 38,-

Der Maler K. O. Götz ist nicht nur ein Hauptvertreter der informellen Malerei, sondern zugleich einer der wenigen Vertreter des literarischen Surrealismus in Deutschland.

Werner Schmalenbach
Zwei Reden über Emil Schumacher
(Reden zu Ausstellungen Bd. 2)
5 Abb., 40 S., geb. 1999
ISBN 3-89086-783-9 DM 32,-

Zwei Reden (1975; 1989) aus der Vielzahl derer, die Werner Schmalenbach in Jahrzehnten über Emil Schumacher gehalten hat.

Bitte fordern Sie unsere Prospekte an.

Rimbaud
VERLAGSGESELLSCHAFT mbH

Oppenhoffallee 20 · D-52066 Aachen
Postfach 86 · D-52001 Aachen
Telefon 0241/54 25 32 · Telefax 0241/51 41 17

COMPACT DISC

Anton Bruhin

TRACK	1	2:04	TEMBER GORDAS
	2	2:27	FONKA GERSU
	3	4:21	ARGONS TOD AM LÉMAN
	4	2:40	TAGORLI FROIL
	5	4:35	BALGUS AMBAMBALGUS

Schlotmann/zeitblom

	6	6:56	VIDEO/REMIX
	7	15:32	STATIK

Christian Prigent

	8	5:36	GLAS
	9	5:48	DANSE DE LA PESTE
	10	3:14	LISTE DES LANGUES QUE JE PARLE

Manos Tsangaris

	11	9:26	ZWÖLFER